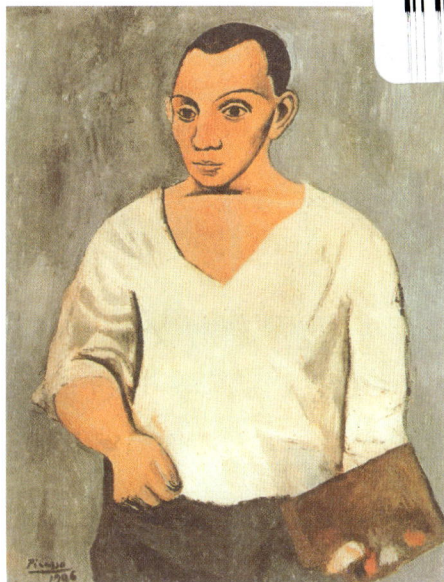

毕加索 《手持调色板的自画像》
1906年

毕加索偏好夜晚，而马蒂斯喜欢白天。
他们一生中大多数时间都维持着这样一种工作模式，这也是他们心理状态的本质写照。

马蒂斯 《自画像》
1918年

马蒂斯 《生之喜悦》 1905~1906年

毕加索 《亚威农少女》 1907年

两名伊比利亚女子……的脸也带有明显马蒂斯特色，
其中举起手臂的女子与《生之喜悦》中主要人物的姿势如出一辙……

马蒂斯 《马蒂斯夫人肖像》 1913年

毕加索 《年轻女子肖像》 1914年

毕加索的另一作品《年轻女子肖像》……看起来也是对马蒂斯1913年所作的《马蒂斯夫人肖像》的回应。画中的女人在画布中的安排让人想起马蒂斯的作品。和艾米莉·马蒂斯一样，她也戴着一顶非常华丽的帽子，背景色又是非常鲜艳的绿色，而且毕加索开玩笑似地在上面设计了许多花纹。

马蒂斯 《蓝色裸体》 1907年

毕加索 《花园中的裸体睡女》 1934年

毕加索1934年的《花园中的裸体睡女》……像马蒂斯的《蓝色裸体》一样……画中的女子躺在植物的下方，好像花是从她的身体里生长出来。她枕着的靠垫也是马蒂斯常用的花纹。

目录

前　言

　　亨利·马蒂斯和巴勃罗·毕加索是主宰 20 世纪艺术界的两位大师。 本书与以往相关书籍的不同之处在于采用了全新视角描述两位艺术家之间亦敌亦友的关系，讲述了两人从 1905 年初次相遇到相继去世之间发生的故事。 书中探索了马蒂斯与毕加索如何挑战彼此，激发彼此的灵感，如何在互动中逐渐改变各自艺术发展方向的人生故事。 读者将会看到，如果不是相互间不断启发，促使对方开辟新的道路，他们也不会取得如今的艺术成就。

　　我还特别关注两人的个人生活对其创作和互动的影响，希望读者不仅把他们看作杰出的艺术家，同时也把他们看作普通人，从他们的生活中体会他们的艺术。 我很清楚这是一种非常危险的做法，对于像马蒂斯和毕加索这样的人来说尤为如此。 他们的作品有别于传统绘画中常用的叙事性题材和象征手法，其主题往往模糊不清，给人以天马行空的感觉，有时甚至故意表现得琢磨不定，自相矛盾。 这种美学风格使得他们的艺术作品特别不适宜从艺术家个人生活的角度来诠释，因此本书的创作确实存在一些风险。 但是这种做法值得一试，因为在讨论两人的作品时，尽管通常的做法似乎已经解决了形式上或艺术历史方面的抽象问题，但这种讨论方法没有考虑到作品产生的原因，在一定程度上扭曲了对作品的理解。

相对于传统艺术，现代绘画较少传达约定俗成且为人们所广为认同的含义，因此作品中所隐含的私人的内容往往变得公开，毕加索的情况尤其如此。他的作品带有明显的自传性质，事实上，由于人们经常讨论他作品中的私人意义，以至于这部分意义已经成为公开意义的一部分了。而马蒂斯的情况则有所不同，他的主题往往比毕加索更加平和。纯粹从绘画的角度来看，他的作品结构更为开放，更难探讨其中的特殊含义。而且由于马蒂斯性格内敛，不习惯将自己的想法过多暴露给公众，因此他特别抗拒人们对他作品的解读。事实上，他似乎想两者兼而有之。一方面，他曾对诗人安德烈·威尔岱说，他认为艺术作品是"作者的自我投射。我的绘画和画布就是我的一部分，他们拼凑在一起就组成了亨利·马蒂斯"。但同时他又坚称自己的作品和生活中的事件毫无关联，似乎他口中的"自我"只存在于高于其肉身的另一个层面上。"我更愿意称之为二元世界"，因为马蒂斯奉行的是超然的艺术观点。不过，在本书中读者将会看到，尽管有别于毕加索作品的强烈自传特征，马蒂斯的作品与他的生活之间的关系比人们想象得更紧密。

马蒂斯和毕加索都是擅长女性题材的画家，而且异域风情在他们的作品中都是非常重要的元素。对于毕加索来说，某些女性在他的作品中的地位是不言而喻的，其不同时期的作品往往与这一时期生命中的主要女性息息相关。这种说法虽说是陈词滥调，但却不无道理。不论是在作品主题还是在风格上，这些女人都对毕加索产生了显著的影响，而毕加索本人似乎也将她们看作激发他转变的催化剂。

此外，她们还促使毕加索不断反思自己。从描绘贫穷和性渴望的早期作品到表现衰老和死亡的晚年作品——他的大量生活体验都在这些艺术杰作中得到了呈现。在七十多年间，毕加索用画笔展现了他的私人生活和周遭不安的世界。他有着惊人的艺术天赋和敢于尝试的无畏性格。 他会把报纸或者油布粘到画布上；他会用勺子和木片做成雕塑；他还会叫他的朋友胡里奥·冈萨雷斯把铁锅、漏勺和铁屑焊在一块，然后称之为雕塑。 20 世纪 20 年代，他疯狂地爱上了一个年轻貌美的女人——他曾对这个女人的存在守口如瓶多年——他为她画了一幅呈现其私处的裸体画，并且把肛门画得比阴部还惹眼。 尽管画面的抽象处理可以让人假装注意不到，但是事实还是太明显了——几乎是在向人们公开宣布他的性喜好。难怪超现实主义者对其欣赏有加。 安德烈·布莱顿完全用毕加索的作品来诠释"超现实主义和绘画"的早期阶段，并且超现实主义者也和大多数跟风者一样想把毕加索纳入到自己的派别中。 尽管毕加索一度和这些人走得比较近，但却从来不是一个纯粹的超现实主义者。 事实上，他天生就是自成一派。

与毕加索作品直接、叙述性的特征相比，马蒂斯的绘画和语言让人感到晦涩难懂——尽管形式上看起来非常简单。 马蒂斯的绘画主题通常是平和的，但是呈现的方式却是超越形式的。 事实上，毕加索早年与马蒂斯交往的过程中就曾借鉴这种超越社会因素的形而上的表现形式。 而且我们可以看到，这种手法与毕加索的立体主义有着千丝万缕的关系。 但是考虑到马蒂斯绘画作品的强烈视觉性及其作品的诠释难度，在比较两位大师时，马蒂斯大多数时候难免处于下风。 两相比较，毕加索的作品与当今的世界和历史紧密相关，而马蒂斯则似乎有意忽略周遭世界的政治和社会问题。

就马蒂斯而言，他的私人身份和社会身份几乎没有什么分别，因此人们往往认为他的艺术与私人生活没有直接联系。 但确实有一些女性在他的艺术作品中扮演了非常重要的角色。 就如同毕加索生命中的女人一样，每一个马蒂斯的女人也深深地影响了他的风格和作品呈现的意象。 1925 年至 1940 年间，马蒂斯和毕加索以这些女人为主题的创作演变成了一种艺术上的竞争。

本书并未采取以风格变化为主线的组织方式，而是以两位艺术家如何看待他们生活中公认的三个主要方面为线索。 第一个方面是关于建立声誉以及如何最大限度地利用自己的优势和认识自己的劣势。 对于艺术家来说，认识自己的首要问题是，我有能力成为一名伟大的艺术家吗？ 第二个方面关系到那些在感情上非常重要的人——家人，性伴侣，那些在一生中为数不多的真正爱过的人。 对艺术家来说，这时的首要问题是，我有能力放下对自己的迷恋，全身心地去爱一个人吗？ 第三个方面与身体的衰竭有关。 当年华老去时，是否还能保持活跃，当死亡临近时，需要何等的勇气才能面对。 而此时的首要问题是，我还能继续工作和成长，并且在与死亡的对峙中寻求生命的意义吗？

尽管本书并不曾想遵循某种理论模式，但我的想法确实是得益于哈罗德·布鲁姆关于"诗歌的十字路口"的讨论。 他在对华莱士·史蒂文斯的研究结论中提出了"十字路口"的说法。 简单来说，布鲁姆提出三种"十字路口"，分别涉及艺术家们"面对死亡，或者爱人的逝去，或者创造力枯竭"时的艰难境地。 这三种"十字路口"正好与马蒂斯和毕加索的艺术生涯相契合。 虽然两人年龄上有十多岁的差距，但他们几乎在同一时期经过这些阶段——其中部分是由于全球性的历史事件，例如两次世界大战，也有一部分是因为两人身处的环境有着惊人的重叠之处。

在这三个十字路口上，两位艺术家都在彼此塑造自我的过程中起到了极为重要的作用。 例如，1906年，马蒂斯创作了一系列伟大的作品，但对他作为一位伟大艺术家的"认可"却在一定程度上因为毕加索的成就而遭到了质疑。 20世纪20年代到30年代期间，两人都深深受到对方表现爱情主题时采用的技巧的影响。毕加索在后期越来越意识到马蒂斯艺术成就的伟大，从而促使他将自己与以往的大师进行比较，并似乎因此减轻了他对自己创作价值的怀疑。

　　我们越将两位伟大艺术家的作品放在一起研究，就越发觉得他们神秘而迷人，并且两人的作品能够产生出一种相互催化的效应——似乎当他们的作品放在一起时，从某种程度上来说，他们自身也因此变得更加完整。 两人之间也对这种关系达成了共识。 从初次见面开始，终其一生，他们始终认为对方是自己生命中必须面对的重要部分。 半个世纪以来，他们都是对方的催化剂。 如同高水平运动员一样，他们为彼此设定竞争的基调，激发彼此进行不断的尝试。 如果没有对方，这些尝试也许就不会存在。 毕加索曾经说："总而言之，我在乎的只有马蒂斯。"而马蒂斯也曾回应："只有一人有权批评我，那就是毕加索。"而且两人不止一次提到类似的话："我们必须多多交流。 当我们中的一人去世，有些话就再也找不到合适的人说了。"

I.

前马蒂斯与毕加索时代

对一名艺术家而言，在欧洲，只有巴黎是他的家。

——弗里德里希·尼采，摘自《尼采自传》

1900 年 4 月 14 日，巴黎万国博览会在万众瞩目下开幕。 会场占地 547 公顷，是当时欧洲最大的一次盛会。 当时最受欢迎的是水堡和幻想大厅这两个以电为主题的展览，此外还有表现殖民地文化，尤其是非洲和南太平洋地区的展出，以及展现部分西伯利亚铁路面貌的全景图。 各个国家的展馆散布在塞纳河左岸的凯道塞大街上，由一座以俄国沙皇亚历山大三世命名的桥梁连接左右两岸。 坐落在塞纳河右岸的建筑中就包括两座刚刚为艺术而建的"皇宫"，这就是香榭丽舍大道旁的大皇宫和小皇宫[1]。

在这次博览会上，18 岁的天才艺术家巴勃罗·鲁伊兹展出了一幅名为《最后时刻》的画作。 这幅画采用了学院派写实风格，描绘了一个临终的女孩被牧师、修女和家人围绕的场景。 鲁伊兹此前从来没去过巴黎，但是在这一年年底前，他计划与在巴塞罗那共用一个画室的好友卡洛斯·卡萨吉马斯一同前往巴黎，去看自己的画在那里展出。 在巴黎，如文森特·维多夫罗所说，"你站在了世纪之门

---

1 大皇宫和小皇宫：大皇宫长期用于在巴黎举办大型国际艺术展，小皇宫则是巴黎市美术馆所在地。 ——译者注，下同。

的前面，手中握着打开那扇大门的钥匙"。

仅仅几个月前，当那座由石头与铸铁构造的大皇宫还在建造时，31岁的艺术家亨利·马蒂斯受雇为西伯利亚铁路展览的背景绘制花环装饰画。这份工作对背部损伤很大而且单调乏味。几周后，他病倒了并因此被解雇。他也曾向展会的艺术部门提交了一幅作品，但遭到拒绝。当时马蒂斯已经结婚，并育有一双儿女。6岁的女儿玛格丽特是马蒂斯在和艾米莉结婚前与另一名女子所生的。艾米莉很大度地收养了玛格丽特，并视如己出。他们的儿子让当时只有一岁。到年底展会即将结束时，他们有了第二个儿子皮埃尔。贫困潦倒的一家人只能靠马蒂斯父亲提供的资助和艾米莉卖帽子的钱勉强维持生活。

鲁伊兹被认为是当时巴塞罗那最有天赋的艺术家之一，而他的朋友卡萨吉马斯则资质平平。但在巴黎，这种区别却并不明显，毕竟两人在那里都只是无名小辈。不过他们倒是遇到了一些有意思的女人，并且卡萨吉马斯疯狂地爱上了一个名叫热尔梅娜·加尔加略的女子。她生于蒙马特，但有西班牙血统，会说西班牙语。虽然她也喜欢卡萨吉马斯，但让她极为沮丧的是卡萨吉马斯的性能力比他的艺术天赋还要差。卡萨吉马斯和鲁伊兹回到巴塞罗那后，他们依然共用一个画室。卡萨吉马斯不停地给热尔梅娜写狂热的情书，常常喝得酩酊大醉，以至于鲁伊兹很高兴看到他第二年2月离开巴塞罗那前往巴黎。

卡萨吉马斯见到热尔梅娜后遭到了她的拒绝，于是他决定返回西班牙，并且要求他为数不多的几位朋友参加在一家当地餐馆举行的告别聚会。在聚会上，当所有人都喝下很多酒后，他突然掏出一把左轮手枪，对准热尔梅娜扣下扳机，但是没打中，接着他用手枪对准自己的太阳穴，一枪结束了自己的生命。

卡萨吉马斯的突然死亡深深震撼了鲁伊兹，此后他在为自己的作品署名时放弃了父亲的姓氏，而是采用母亲的姓氏：巴勃罗·毕加索。在接下来的几年里，毕加索画了几幅与卡萨吉马斯的死有关的作品，其中包括一副大型的伪宗教主题绘画《招魂》。 在这幅画中，卡萨吉马斯展开双臂，摆出耶稣的造型，骑着一匹白马降临天堂，在那里迎接他的是三个仅仅身着彩色丝袜的妓女——这幅画既讽刺了基督教的三位一体思想，也嘲笑了异教徒的三女神传说。 这也是毕加索第一次主要用忧郁的深蓝色色调来创作。 此时他的作品通常描绘的是略带忧伤的人物，尽管有时这些人看起来棱角分明。

这一时期毕加索的许多作品都带有自传性质，从他的画中可以看出这个天才横溢、思想敏锐的年轻人如何不断地探索世界，其中与性、友情和贫困有关的主题尤其突出。当毕加索成为著名画家后，他作品中自传性质的东西被人放在显微镜下研究，因此许多作品中的私人意义被揭露了出来。 有时候，画中的私人意义和公开意义互相交织，以至于很难区分开来，例如 1903 年的作品《生命》（图 1.1）。

在《生命》中，左边的年轻人貌似卡萨吉马斯，而他身边的女性长得非常像热尔梅娜。 关于这幅画的一些习作依然留存于世，在这些习作中——以及这幅画的初稿中——毕加索将自己画作了画室中的裸体男

图 1.1 毕加索，《生命》，1903 年。197 厘米×127.3 厘米

子，而现在画中小孩和妇人所在的地方原来是一位留着胡子的老人。 毕加索似乎将卡萨吉马斯的性无能与他作为一个画家的失败联系在一起。 而且从原稿来看，毕加索内心中似乎充满了罪恶感，这不仅与卡萨吉马斯的死有关——卡萨吉马斯自杀前后，毕加索曾是热尔梅娜的情人——而且还关系到毕加索对其父亲的看

法。毕加索的父亲堂·何塞·鲁伊兹也曾是一名默默无闻的画家，而画中留胡子的男性则让人联想到老鲁伊兹。罪恶感与对救赎的渴望交织在这幅画中。从公开意义的层面来看，这幅作品暗指亚当与夏娃以及圣母玛利亚与圣子；而从私人意义的角度来看，这幅画指的却是卡萨吉马斯的自杀事件以及堂·何塞作为一位画家的"死亡"。

在对这幅作品进行 X 光扫描后，它的另一层私人意义也得以显现。事实上，这幅画覆盖在另一幅画作上，那就是创作于 1899 年的描绘临终场景的《最后时刻》，该画曾在 1900 年的世界博览会上展出过。尽管人们认为毕加索把《生命》画在《最后时刻》这幅早期的大型作品上仅仅是因为当时他买不起画布，但是这种做法似乎对他个人来说有着非常重要的意义。《最后时刻》采用了学院派的绘画手法，他以此纪念自己的亡妹康塞普西翁的玛利亚——也叫孔奇塔。孔奇塔生病时，13 岁的毕加索发誓，如果她能活下来，他将永远地放弃绘画。所以尽管小妹的死对他来说是个巨大的精神打击，但却给了他继续拿起画笔的机会。毕加索是个非常迷信的人，因此这件事一定让他产生了深深的罪恶感。通过将对孔奇塔和卡萨吉马斯的感情合并在一张画布上，毕加索想要驱除长期以来萦绕在心头的内疚感，这么做似乎既是对过去的一种解脱，也是对自己的安慰。我们可以看出，在早期阶段，绘画对毕加索来说俨然就是一种魔法。

1903 年，毕加索将《生命》画在了《最后时刻》的画布上，这一做法也是他脱离早期学院派绘画方式的象征。后来他曾对《生命》这幅画嗤之以鼻，将其描述为"糟糕透顶"，这么说不仅反映了他对感伤主义的排斥，也表明他对自身创作的矛盾心情。

*

马蒂斯的早期生涯则完全是另外一番景象。他原本学习的是法律，后来转而学习绘画，但他的天赋并不像毕加索那样很早就被人发掘。在美术学院学习了六年后，他有机会进入了一些私人画室学习，在那里他以坚强的毅力继续自己的绘画生涯。 1900 年万国博览会之后的几年间，他一直在贫困线上挣扎，还陷入了一场经济丑闻中，差点把家人送进了监狱（他们极不明智地卷入了其雇主的欺诈案中），而更让他痛苦的是他的作品完全没有引起公众的注意。 在此期间，他尝试了当时 19 世纪最为前卫的各种绘画方式，从印象派到修拉、凡·高和高更，而其中对他影响最大的人是塞尚。 早在 1899 年，马蒂斯就曾倾其所有购买了一幅塞尚的作品《三个浴者》，这幅画虽小却极具表现力，而马蒂斯也成为了年轻前卫艺术家中最早吸取塞尚绘画思想的人。 用马蒂斯的话来说，塞尚就是"绘画之神"。

*

20 世纪的头几年中，马蒂斯与毕加索虽然未曾谋面，但他们的人生轨迹却曾有几次交汇的时刻。 早在 1902 年，他们都曾出现在贝尔特·魏尔的画廊中，那年 6 月，他们的画第一次同时在魏尔画廊的一场集体画展上展出。 两人的画作还曾出现在安布罗瓦·沃拉尔德的画廊中。 沃拉尔德是塞尚的代理商，马蒂斯就是从他手中购买了《三个浴者》。 1901 年，毕加索参加了沃拉尔德的一场双人画展，而马蒂斯于 1904 年在那里举办了自己的第一次个人画展。 在那些年里，两位画家都有了一些自己的追随者，但直到 1905 年，两人都未能引起大的轰动，也没有获得大收藏家的青睐。

1905 年，这种情况得到了改变。 那一年的 2 月，毕加索参加了位于奥斯曼大道上的赛鲁斯尔画廊举办的一场三人画展，著名评论家夏尔·莫里斯为这次画展撰写了目录说明。 几个月后，毕加索的新朋友，诗人吉约姆·阿波利奈尔为其撰写了两篇充满赞誉之词的评论。 阿波利奈尔将画中弥漫的忧郁与感伤归为毕加索蓝色时期的特质。 他写道，"人们通常认为毕加索的作品表现出超出常人的清醒，"但事实正好相反，"他会为任何事物着迷，在我看来，他无与伦比的天赋是受到了一种神奇想象的召唤，使得他能将美好与丑陋、粗糙与精致完美地融为一体。"

　　同年春天，马蒂斯在独立沙龙展出了新印象派作品《奢华、宁静与享乐》。评论家路易·沃塞勒慧眼识珠，将其称为"学派领袖"。这年夏天，马蒂斯前往地中海沿岸靠近西班牙边境的城市克里奥，在那里他与比他年轻的同事安德烈·德汉一同工作。这时的马蒂斯创作风格更加自由，颜色的使用也更加明亮。他将凡·高的强烈情感表现力与塞尚的抽象空间感相结合，开启了一种用色大胆鲜艳的接近抽象主义的绘画方式，这就是被称为新世纪第一次前卫艺术运动的野兽派。

　　在最初的几幅野兽派作品中，马蒂斯采用整体创作手法，弱化具体事物的质感和厚重程度，通过每一笔颜色间的交织组合来呈现主题。他创作了一种怪异的方法来重现人类感知的不确定性和模糊性，这种开放式的手法使得他的作品具有一种持久的魅力。毕加索的创作往往来源于自己的想象，并且突出强调主题的某些部分；而马蒂斯的作品都是直接描绘自然景色，并且体现人们在感受世界时表现出的分散的、波动性的关注方式。在《海边的和服女人》这幅画中（图1.2），通过马蒂斯特别的描绘手法，主题的各部分既能组合统一，又能分解变形。女人的身体和背景不是由清晰的边界线区分开来，而是通过颜色，尤其是画笔呈现在画布上的不同节奏来区分。因此，女人与背景间表现出一种双向的互动，她的内在能量散布到了背景中，而同时背景又将能量反馈到女人身上。多变的用笔方式与大胆的色彩形成对比，寓意不同事物间的相互作用——例如女子身着的和服呈现出漩涡式的纹路，暗示了

图1.2　马蒂斯，《海边的和服女人》，
1905年。35厘米×29厘米

水波在女子身上的映射。 马蒂斯采用的这种动态互动的手法是受到塞尚后期作品中常用的空间流动性的影响，这种绘画手法使事物看起来似乎能同时存在于多个空间中。

1905 年，当马蒂斯首次在秋天沙龙展出这些作品时，有人嘲笑，有人震惊，也有人不屑一顾。 在沃塞勒为其撰写的著名评论中，"野兽"这个词被首次使用，但两次使用的情形有所不同。 沃塞勒首先用这个词形容一般人和学院派对马蒂斯作品的反应，认为他们会像野兽一般抨击这些画作。 沃塞勒写道，马蒂斯非常勇敢，"因为展览他的作品——并且他也知道——就好比将一个信仰基督教的处子扔进圆形竞技场的野兽堆中"。 而当沃塞勒第二次在这篇评论中使用"野兽"时，他是用这个词来形容马蒂斯及其同伴创造的这种全新的绘画手法产生的效果。 他写道，就如同把阿尔伯特·马克[1] 的两尊传统雕塑扔进"一场色彩的狂欢盛宴中；他们好比是身处野兽群中的多纳泰罗[2]"。

就是在这场展出中，一个古怪的美国家庭决定购买马蒂斯的一幅作品——一幅马蒂斯妻子的画像。 这幅画比他的那些带有背景的人物画像更加大胆。

1　阿尔伯特·马克：19 世纪末 20 世纪初的法国雕塑家、玩偶制作者。
2　多纳泰罗：文艺复兴早期的美术家，也是 15 世纪最杰出的雕塑家，代表作为《大卫》。

II.

两次相遇

　　马蒂斯比毕加索年长许多,是一个严肃谨慎的人。他从来没有与年轻的毕加索达成过一致。每当谈及两人时,他总是说,他们就如同地球的两极,是完全不同的两个人。

——费尔南德·奥利维尔

对于购买马蒂斯的《戴帽子的女人》(图 2.1)一事,斯坦家族事后讲述了不同的版本,不过这些不同版本的共同点就是当时他们犹豫不决,不知道是否应该买下这幅画。画中的女人带着一顶巨大的帽子,看起来有些滑稽,整幅画采用了非常明亮的色调。这种不同寻常的丑陋深深地吸引了他们,但也让他们无法下定决心。"这幅画……太棒了,太让人震撼了,"可能是第一个看到这幅画的里奥后来回忆道,"但是这也是我所见过的最乱糟糟的作品。"格特鲁德后来声称自己是首先发现这幅作品的人——这也是她一贯的做法——而事实上,当时更具眼光的应该是她的哥哥里奥。不过,她很快就意识到这幅画的价

图 2.1　马蒂斯,《戴帽子的女人》,1905 年。
80.6 厘米×59.7 厘米

值。 最终，因为实在无法割爱，他们做出了购买的决定。 尽管看似矛盾，但这幅画的丑陋感使其成为艺术史上一幅非常重要的作品。

1905 年秋天，格特鲁德还是一个雄心勃勃但尚未公开发表作品的作家。 当时的她正热衷于如何用丰富的语言把看似平凡无奇的事物描绘得新奇有趣，因此她认为这幅画的"颜色和构图都十分怪异"，并且被作者新颖的绘画方式深深地吸引。 它似乎是一副未经任何润饰的画像——当时创作女性肖像画的普遍做法是突出女性的甜美与忧愁，而马蒂斯的手法显然与之背道而驰。 此时正在苦苦思索自己写作风格的格特鲁德与马蒂斯不谋而合。 这幅画虽然采用平面构图，却将女子的心理状态不加修饰地展现了出来——不是通过夸张的面部表情，也不是通过精心摆放的姿势，而是通过画家独特的绘画手法。

女子的姿势较为常规，她坐在扶手椅上，头处于画布的正中，观赏者马上就会发现，画中的每一样东西都比女子的脸更吸引人——她手中的扇子，明亮的橙色腰带，尤其是那顶巨大而夸张的帽子。 当我们把焦点重新放到女子的面容上时，会发现她的表情看起来如此坚毅，但又如此脆弱而哀伤，似乎从一张精心编织的网的后面向外凝望，那张面具一般的脸孔隐藏了太多的情感。 这种前卫的手法包含了诸多矛盾，例如看似不和谐的色彩以及粗糙的绘画方式。

解读这幅画时，其内在意义所呈现出的模糊性因其视觉上表现出的强烈不确定性而更为显著。 马蒂斯用笔的方式使得画面表现出一种破碎的感觉，似乎整张画即将瓦解成碎片；或者说这幅画还处于成形的过程中。 这种画面的流动感以及大片空白的使用无疑是得益于塞尚，甚至这幅画的题材也是受到他的启发。 塞尚也曾为他的妻子绘制肖像画，而且里奥和格特鲁德还买下了其中一幅精品。 但是《戴帽子的女人》把塞尚惯用的夸张变形的手法提升到了另一个层次，它看似粗糙骇人的表现手法也与塞尚的较为古典的简约风格完全不同。

在斯坦一家人研究亨利·马蒂斯的这幅作品时，他们还对马蒂斯一无所知，但是隐约感觉到一种新的东西正在画坛以及人们的思想中兴起，一块全新的、尚未被人发现的领域正在开启。那是一片广大的"丑陋之地"，在这片土地上，传统的审美观似乎被完全逆转，丑陋似乎正在取代美丽成为艺术领域中最重要的元素，或者说从这种公认的丑陋中，一种新的骇人的美丽正在诞生。这就是马蒂斯想在《戴帽子的女人》中所表现的吗？这幅被世人嘲笑、被评论家们嗤为堕落邪恶的作品会在几年之后被人们称为美丽吗？像这幅画一样被描述为"野蛮而天真"，表现"令人恶心的想象"的作品会被后人称为杰作吗？这幅被人嘲笑为马蒂斯最糟糕的画会最终被人称为他最伟大的作品之一吗？似乎人们对于审美的判断正在悄然发生变化，愈来愈多的人发现采用全新的视角来观察这个世界比用传统的审美观来评判美丑更为重要。

马蒂斯展出《戴帽子的女人》时，秋天沙龙还是一个刚刚为前卫艺术而建立的年展，初衷是为了填补独立沙龙的空白。独立沙龙是当时较为成熟的画展，只在春天举行，并且没有审查委员会。新建立的秋天沙龙配有审查委员会，原则上来说保证了参展作品的质量，并且这里曾举办过一些现代艺术大师的回顾展——1905 年曾展出过安格尔和马奈的作品。但是那一年秋天沙龙最轰动的事件还是马蒂斯及其同伴的画展。人们嘲笑奚落他们，愤怒的卫道士更是将他们作为攻击的目标，称他们"与社会格格不入"而且"没有道德信仰"，《戴帽子的女人》中采用的粗野的画法似乎更适合野蛮人，而不是文明人。保守人士更是将这些作品与当时社会价值观的瓦解联系到一起。

此时的马蒂斯已经是三个孩子的父亲，一直过着谨慎小心、一贫如洗的日子。他被公众对他的作品的反应吓到了。更糟糕的是，一群保守的画家送给他一幅"从额头到下巴涂满绿色条纹"的女人画像，似乎在说，这才是适合他的模特。从此以后，马蒂斯再也不愿参加秋天沙龙，并且让他画中的模特——他的妻子也远离这片是非之地。

　　因此，画展结束一周后，当马蒂斯得知有人想买他的画时，有些惊讶。 经过一番简单的协商，斯坦一家以 500 法郎的体面价格买下了这幅画。 也就是通过这次交易，马蒂斯认识了这家美国侨民，而斯坦一家人也成为了他的第一个主要买家：里奥、他的妹妹格特鲁德、弟弟迈克尔及其妻子莎拉。 里奥是收藏家，也是一个业余画家，他曾经与伯纳德·贝伦森在佛罗伦萨研究文艺复兴时期的艺术，也非常喜爱塞尚的作品。 他于 1903 年定居巴黎，居住在左岸的弗勒吕街，之后不久格特鲁德也搬到了那里。 他们的弟弟迈克尔原本留在旧金山打理家族的电车生意，但不久他发现自己并不适合经商，于是也来到了巴黎，和妻子住在女士街附近的一间公寓中。

　　卖出这幅画对马蒂斯来说意义非凡。 不仅使他紧张的经济状况得到了缓解，而且令他对自己正在做的事情更加有信心，他也因此得以进入巴黎社会的另一个圈子中。 不久，马蒂斯及其妻子受邀参加了里奥和格特鲁德举办的周六沙龙，他的作品《戴帽子的女人》高高地悬挂在沙龙的一面墙上。 格特鲁德十分喜欢来自法国南方的艾米莉·马蒂斯，尤其是她坦诚的行为方式和坚毅的性格。 也许是受到保守画家送给他的那幅画的启发，马蒂斯创作了第二副以他的妻子为主题的作品，这一次他采用了更加强烈的色彩，还特意在她的脸上画上了一道明亮的绿色。 在这幅画中，艾米莉·马蒂斯表情坚毅，似乎准备好了面对这个世界。 迈克尔和莎拉·斯坦立刻买下了这幅画，并且挂在了自己位于女士街的家中。

　　斯坦一家发现，创作了那些野兽般作品的画家马蒂斯并不像革命分子或者疯子，甚至连艺术家都不像。 正相反，他中等身材，总是一副沉思的样子，戴一副金丝眼镜，略带红色的胡子修剪得很整齐。 尽管从他身上也散发出一股强烈的能量，但他内心的澎湃却被掩盖在其沉稳的外表之下，总是给人一种谨慎冷静的感觉。 他穿戴整洁，说话时严肃而清晰，表现出早年接受律师训练的特质。 他的朋友喜欢叫他"教授"，不过带有一点嘲讽的意味。 他举止从容，行动不快，但是蓝色的眼睛却十分敏锐，充满好奇，似乎能直达人的内心。 不过他眼镜后的眼神似乎总是隐藏着一些东西，好像厚厚的镜片是在提醒自己和这个世界之间的心理距离，好像他总是躲在面具后面观察这个世界。

*

据格特鲁德和里奥说，他们发现毕加索是在买下《戴帽子的女人》不久之后，但大量证据表明，他们记错了事件发生的顺序。 事实上，早在 1905 年春天，里奥就购买了一幅毕加索的作品，并且通过作家亨利-皮埃尔·罗切结识了毕加索。 这幅画表现的是一个有些怪异但颇具诗意的主题，显示了毕加索精巧的技法。 里奥在蒙马特的克洛维·萨戈画廊看到这幅作品，也许是由于这幅画与文艺复兴艺术的联系，里奥深深为之吸引。 画中描绘了一个流浪艺人的家庭，夫妻俩并排而坐，妈妈的手中抱着一个婴儿，他们的身边蹲着一只猴子（图 2.2）。 画中的父亲穿着小丑的衣服，紧靠着他的妻子，眼神温柔地注视着坐在妈妈腿上不停扭动身体的孩子，而一旁的猴子——显然不仅是马戏团的一员，也是这个家庭的成员——用好奇的眼光看着他们。

《杂技表演者一家和猴子》微妙地平衡了一些看似完全相反的思想和情绪。 初看之下，这幅画非常温情，甚至有些感情太过丰富了，但其实画中暗藏讽刺。 柔和的色调和精巧的构图使画面表现出一种深深的悲悯之心，尤其是

图 2.2 毕加索，《杂技表演者一家和猴子》，1905 年。 104 厘米×75 厘米

将猴子作为人类家庭一员的做法更是加深了这种情绪：动物同情地注视着画面中心生机勃勃的小孩，这种眼神竟然和孩子父母的眼神一样。而且观赏者会很惊讶地发现自己在用猴子的视角观察这幅画，我们的视线会不自觉地向上投射到母亲臂弯中的孩子身上；还是沿着这条轴线，我们会发现父亲和猴子的目光在同一条线上——父亲在向下看，而猴子正在向上看。此外，这幅画不仅描绘了微妙的心理关系，还暗藏了讽刺的历史意义。画面的整个构图以及孩子的姿势让人联想到圣母玛利亚怀中的婴儿耶稣——这种解读可以从孩子身体所采取的平衡构图以及大范围的弧线的应用中得到印证。这些手法使人联想到文艺复兴鼎盛时期达·芬奇和拉斐尔的作品，因此画中暗指的应该是圣家庭和经常身披动物皮毛的施洗者圣约翰。

里奥·斯坦非常欣赏这种温情与嘲讽的结合，惊叹画家如何可以把原本亵渎神灵的场景融入神圣的含义，如果不是因为微妙的处理、人文情怀和精巧的技艺，这幅画一定会被当作对宗教的亵渎。"猴子注视小孩的眼神充满了爱怜，"里奥回忆道，"以至于萨戈还以为这幅画描绘的是真实的生活场景。"里奥倒不认为画中的场景是真实的，而且后来毕加索也告诉他，猴子不过是他想象出来的，里奥因此认定"毕加索的天赋更适合做画家而不是自然主义者[1]"。

买下《戴帽子的女人》之后，里奥给妹妹看了更多毕加索的作品。起初，格特鲁德对此并不感冒，事实上，她非常不喜欢里奥买下的第二幅毕加索的作品《花篮女人》，觉得"女孩的脚像猴子一样"。当里奥说已经买下这幅画时，格特鲁德摔下手中的刀叉，负气离席。当时里奥的收藏似乎同时走向了两个方向：一方面，马蒂斯代表的似乎是未来艺术发展的方向，而另一方面，他所钟爱的蓝色和玫瑰时期的毕加索相对较为保守，而且仍然沿用 19 世纪末象征主义的一些手

1　自然主义者：在文学艺术上指以"按照事物本来的样子去摹仿"作为出发点，追求绝对的客观性，崇尚单纯地描摹自然，着重对现实生活的表面现象作记录式的写照。

法。 如果说里奥确实记错了购买马蒂斯和毕加索第一幅画的时间，那么很有可能是因为他当时正在为收藏什么样的作品而犹豫不决。

最终格特鲁德妥协了，并且在那一年和哥哥一起拜访了 24 岁的毕加索的画室，一座位于蒙马特山的小房子。 因其外形酷似塞纳河上年久失修的洗衣船，拉维尼翁街 13 号这所破旧的小楼被人们称为"洗衣船"。 这栋建筑看起来似乎是一栋低矮的一层小楼，房顶开有一些几何图形的天窗，但事实上从外面看是一楼的那一层却是顶层。 由于修建在倾斜的山坡上，其余的楼层一直延伸到后面的街道上，这些形状各异的房间里居住的大多是画家和作家。

要找到毕加索的画室，斯坦兄妹不得不先爬上一条摇摇欲坠的木制楼梯，然后穿过迷宫一样的走道。 走道的墙壁潮湿阴暗，充满了霉菌和野猫的味道，楼梯井的喷水池是房子里唯一的水源。 屋顶的天窗使得这里的夏天闷热难忍，而冬天却是寒冷难耐，前一天的汤或是咖啡第二天早上就能冻成冰。 毕加索的画室位于一条长长的走道的尽头，如果访客从背街进入，这里就是顶楼，如果从拉维尼翁街进入，这里就是底楼。

画室中等大小，墙壁肮脏不堪，巨大的横梁裸露在外。 除了一个铁炉子以外，屋里几乎没什么家具：一个木头画箱，一张似乎是第二帝国[1]时期的小圆桌，几把椅子，还有一张当作床来使用的塌陷的沙发。 房间的另一端摆放着一张床垫，毕加索的好友把这里戏称为"少女的卧室"。 房间里没有电和煤气，只有一盏小煤油灯摆在桌子上。 毕加索喜欢晚上画画，因此他常常是在这盏灯的陪伴下工作，或者借着它微弱的灯光向来访者展示他的作品。 尽管这里没什么家具，房间里却堆得满满的，他似乎从来不丢东西，地板上满是颜料、画笔、破布、瓶瓶罐罐和各式各样的垃圾。

1　第二帝国：波拿巴家族的路易-拿破仑·波拿巴在法国建立的君主制政权(1852~1870 年)。

斯坦兄妹恐怕很难想象与自己的家完全不同的地方会是什么样子。他们精心装饰的公寓舒适典雅，摆满了文艺复兴风格的家具、来自中国的雕塑和来自日本的版画。马蒂斯的家也算符合他们的口味，他位于圣米歇尔大街的家光线充足、井井有条，从房间里可以俯瞰塞纳河和圣母院，"房间里的每张椅子、每种材料都是经过了主人精心的挑选"。里奥曾经描述，在马蒂斯整洁的画室里，"每样东西都有它的位置，而且每样东西都在它的位置上，他对房间里的一切都了如指掌"。

毕加索则完全是另一种人，他似乎故意把一切都弄得混乱不堪——不仅对身边的人和物如此，对自己更是如此。甚至从外型上来看，他也是与马蒂斯完全相反的类型：他身材矮小、结实，行动迅速，总是穿着一件工作服，浑身散发着男性的特质。尽管在一般人看来，他算不上英俊，但却非常引人注目——被他注视时，常常能感到一种摄人心魄的力量。他深色的大眼睛有一种磁石般的魔力——当他注视着你时，那双超乎常人的瞳孔会放大，似乎他不仅仅是看着你，而是看到你的内心，看穿你，甚至看到你都未曾意识到的地方。里奥回忆说，"当毕加索看画的时候，你会觉得这幅画被他看完后就什么都不剩了，他的眼神似乎已将它吸走。"斯坦认为他对待这个世界的方式是一种西班牙式的行事方式，他气度非凡，注视对方时大胆、粗暴而性感——他的眼神就是西班牙人所说的典型的"热烈的凝视"。在安达卢西亚，毕加索生长的地方，人们说这种眼睛是"直通性器官的……如果用太过露骨的眼神注视一个女人，就好比视觉上的强奸"。

斯坦兄妹发现毕加索比他们想象中矮小时颇为惊讶，在一定程度上是因为与他同居的女子是一个身材丰腴的美人，几乎比毕加索高出一个头——"她身形高大，性情温和，皮肤白嫩，有一双杏色的眼睛，透出一丝慵懒的性感……她看起来相当悠闲……会躺在床上看着毕加索做任何事。"这就是费尔南德·奥利维尔，毕加索的朋友们称呼她为"美人费尔南德"。此时她刚刚搬到这里，但是毕加索爱上她已经有一年多的时间了。他们的第一次相遇是在前一年的夏天，当时她从楼前的小广场经过，毕加索故意拦住她，想和她开个玩笑。此后不久，毕加索就为她画了一幅画，他把画放在一个所谓的"祭坛"的中心，还为其配上画框，并且用从她的衬衫上剪下的布盖住，在画的两边还摆放了两只装饰着假花的花瓶，俨然把这幅画当作了他对费尔南德疯狂爱情的祭品。

不久毕加索创作了一副描绘自己注视着费尔南德睡觉的作品，就是从此时起，毕加索作品的主要色调从蓝色转为暗粉色，这就是所谓"玫瑰时期"的开始，而且绘画的题材也从瘸子和穷人变成了爱恋中的情侣和流浪的艺人，斯坦兄妹购买的那幅作品就是其中之一。费尔南德原本很不情愿接受毕加索的追求。尽管他有双与众不同的眼睛，但费尔南德并没觉得他有特别的吸引力，而且他太穷，西班牙口音太重，常常听不清他在说什么。她曾给一个画家做模特，吃过男人不少的苦头，17 岁时曾被一个中年男人强奸，之后这个男人不得已娶了她，但对她非常不好。离开这个可怕的男人后，她的爱情生活依然充满了挫折，最终由于周遭的环境和毕加索坚持不懈的追求，她接受了他。

*

或许是因为神奇的化学作用，甚至几乎是身体的吸引，毕加索与格特鲁德一见如故。格特鲁德健美的外形虽然对他很有诱惑力，但是她中性化的行为和同性恋的倾向却让毕加索不会对她产生男女间的非分之想。毕加索觉得她既充满了女性的魅力，但是同时又拥有男性独立、智慧的特质，而且还满怀艺术理想——这些特征与传统美女费尔南德正好完全相反。在斯坦看来，除了香水和帽子，费尔南德什么都不关心。格特鲁德对马蒂斯和毕加索的感觉完全不同。马蒂斯像个受人尊敬的医生——或者说更像大学教授，就像那些她学医时在约翰·霍普金斯学院遇到的老师——而她觉得毕加索是一个真正的波希米亚人，就像他画里画的那些杂技表演者和演员一样，是那种按照自己的想法生活在社会边缘的叛逆者。

  与注重家庭生活的马蒂斯不同，毕加索身边总是围绕着一些有趣的人，事实上，他就住在一个艺术家扎堆的地方。诗人马克斯·雅各布和安德烈·萨尔蒙是他"洗衣船"里的邻居，他在这里居住的五年里，这里还住过作曲家埃德加·瓦雷兹和埃里克·萨蒂，画家凯斯·凡·东根、安德烈·德汉、莫里斯·德·弗拉芒克、乔治·布拉克、胡安·格里斯、阿梅代奥·莫迪利亚尼，早期研究四维空间的数学家莫里斯·潘塞，还有作家皮埃尔·迈克奥兰和莫里斯·雷纳尔。不同于马蒂斯的独来独往，毕加索与周遭的人联系紧密：开始是来自西班牙的同乡，然后是法国的艺术家和作家，后来还有著名的艺术大师和各领域的公众人物，他就像一块磁石一样吸引着所有人，而马蒂斯似乎从来没有完全地融入过一个团体，至少从表面的社交能力来看确是如此。

  由于毕加索和格特鲁德都是来到法国的外乡人，他们之间无疑更有共鸣了。格特鲁德的法语比毕加索好不了多少，而且他俩说话的方式和口音都是又别扭又难听。尽管毕加索后来一直呆在法国，他却总是说不好法语，早年还常常因为自己法语太烂而感到不好意思。斯坦兄妹第一次将毕加索和马蒂斯引荐给对方时，毕加索立刻就意识到这位比他年长的画家是个发音清楚、表达能力很强的人。费尔南德回忆说，马蒂斯"说话时思路惊人地清晰，用词准确、简洁而且睿智"，他非常善于"辩论、表达主张和劝说他人"。有一次，杜朗-鲁耶的画廊举办马奈和雷东的画展。作为雷东的好友，马蒂斯对里奥说他认为雷东比马奈好，同时他也对毕加索这么说，而且当时毕加索同意了他的看法。后来里奥·斯坦很惊讶地询问毕加索，他生气地回答道："我当然只能同意了，马蒂斯一直不停地说啊说，但是我什么也说不出来，只能回答'好，好，好'，但是他说的都是些废话。"

  事实上，毕加索和语言的关系颇为复杂。他出生在马拉加，但是 9 岁时，全家搬到了西班牙西北沿岸的科伦纳，那里的人说的是加利西亚语和卡斯蒂利亚语（即纯正西班牙语），他的安达卢西亚口音因此显得相当刺耳。四年后，他们又搬到了巴塞罗那，加泰罗尼亚语是这里的主要语言，尤其在和他经常来往的支持加泰罗尼亚独立的人中。两年后，毕加索来到说卡斯蒂利亚语的马德里学习。1898年夏天，他和朋友曼努埃尔·帕利亚雷斯搬到了山中小镇奥尔塔，在那里他才习惯于讲加泰罗尼亚语了。

当毕加索1900年初次到访巴黎时，他几乎完全不会说法语，他的朋友圈也主要是西班牙人。第二年重返巴黎时，他的法语还是相当地烂，以至于他和刚认识的诗人朋友马克斯·雅各布之间只能主要用手势交流。终其一生，毕加索始终讲的是带有浓重西班牙味道的法语，而且不管写哪种语言，他都使用自己的一套拼写方式。毕加索关于女人的一些言论和观点可以从吉约姆·阿波利奈尔的小说《坐着的女人》中看到，书中写道，酷似毕加索的画家巴勃罗·卡努里嫉妒成性，他求情人开门时大喊："埃尔碧儿，听我说，把门大开，我爱你，爱你爱得发疯，陆果你不听我的，我会一呛蹦了你（埃尔碧儿，听我说，把门打开，我爱你，爱你爱得发疯，如果你不听我的，我会一枪崩了你）。"这本书中卡努里还说过："想要镇正用有一个女人，你要棒走她，缩住她，和她形影不离（想要真正拥有一个女人，你要绑走她，锁住她，和她形影不离）。"

大多数时候，毕加索不得不以外来人的身份与人交流，去巴黎之前，他就已经是一个"垂直的闯入者"——完全凭借个人魅力和标新立异成为众人焦点。在蒙马特，他的法国画家和作家朋友后来形成了被人称为"毕加索帮"的团体，他以西班牙人特有的行事方式成为了这群人的核心。毕加索的漂泊感和经常变换的语言很有可能使他认为所有交流方式都有极大的任意性，包括视觉交流，无疑这也是为什么他对自我的审视总是带有很大的自由度——他的言谈、举止和艺术作品都是如此。

*

斯坦兄妹对毕加索的兴趣使得他们与马蒂斯之间的关系变得复杂。尽管马蒂斯比毕加索年长 12 岁，而且比毕加索更有名气，但他还没来得及享受与新买主的蜜月就发现这位年轻对手的画已经被挂到了他的画旁边。 这种模式似乎一直延续了下去：每当马蒂斯似乎快要赢得竞争的时候，毕加索就会出现，毁掉马蒂斯的大好局面，有时还会胜他一局，让马蒂斯有苦难言（每次交手，毕加索都能从马蒂斯身上收获不少）。 毕加索见过斯坦兄妹后，觉得和格特鲁德很有共鸣——这一点上，他又胜过马蒂斯一筹——因此按照习惯，他主动要求为格特鲁德画一幅肖像画。 这件事对斯坦兄妹和毕加索以及马蒂斯和毕加索之间的关系都是一个重要的转折点。

*

在马蒂斯和毕加索的画作被斯坦兄妹收藏之前，两人并不相识，只是曾经见过彼此的作品。 虽然他们也曾把作品交付给同一个画商，但是并没觉得对方有什么特别值得关注的地方。 毕加索的作品当时并不出名，而且由于使用过气的技法，他的画并不那样前卫，马蒂斯对他没什么印象；而过去几年中，马蒂斯的画时常在先锋画廊中展出，而且报纸评论常常会提到他的名字，马蒂斯的作品名气显然更大。 毕加索却拒绝把自己的作品拿到画廊展出，当然也不屑于去画廊看画了。 事实上，马蒂斯之前展出的大部分作品都是生活画和风景画——这些对毕加索来说都没什么意思。

毕加索第一次真正地注意到马蒂斯是在 1905 年的秋天沙龙上，斯坦兄妹发现马蒂斯的地方也是在这里——巧合的是，毕加索的朋友加泰罗尼亚人雷蒙·皮乔特的画和马蒂斯的画正好挂在同一个房间。 这些画就是马蒂斯第一批显示其创造力的成熟作品——那些被称作"野兽"的作品，色彩鲜艳，天马行空。 马蒂斯有 8 幅作品在秋天沙龙展出，多数是风景画和背景是风景的人物画，每幅画都充满了大胆的创意，不过毕加索还是很自然地被《戴帽子的女人》吸引了。 当时毕加索正在专心研究人物画，在这幅描绘人像的《戴帽子的女人》中，马蒂斯展现了他非凡的勇气。 毕竟，如果一个画家把树画成红色，或者把房子和地上的石头移动几码，不会引起什么关注，但是如果他把某个人的鼻子挪几厘米，或者把鼻子涂成绿色，恐怕他就会为自己的做法付出惨痛的代价了。 这就是马蒂斯在 1905 年的这次秋天沙龙画展中遭受的待遇，《戴帽子的女人》让很多人感到无法接受。 格特鲁德·斯坦写道："如果你解决不了人物画的问题，你就相当于什么都没做。"她说的不无道理。 20 世纪初，法国先锋艺术界要解决的终极问题就是如何将人物以主观的，甚至接近抽象的方式呈现，但依然能保持人物的神韵。

《戴帽子的女人》好比给了毕加索一记当头棒喝。 一直以来，毕加索都被人们称作神童，直到 1905 年秋天，他还在为自己世间罕有的天赋而沾沾自喜，并且在他认识的人中，没人能对他形成威胁。 但是马蒂斯的作品让他感到相形见绌，使他意识到不论自己那些象征主义风格的作品有多好，还是太过保守了，完全是些过时的东西，而且他在秋天沙龙看到的马奈和塞尚的作品更加凸显了他的落后。 过去几年中，马蒂斯一直在苦苦研究塞尚后期作品的巨大影响——比如未完成性和形而上的绘画理念。 早在 1901 年，毕加索就曾经在沃拉尔德的画廊看过塞尚的画，但是当时吸引他的还是塞尚早期那些暴力的——甚至是令人厌恶女人的——作品。 这一点可以从毕加索的一幅作品中得到印证，画中一个男人正在扼杀一个女人，这幅画的创作灵感应该是来自塞尚的《被掐死的女人》。 当时的毕加索才刚刚开始认真研究塞尚的作品，而且还没看出对自己的绘画有什么帮助。尽管他有一些法国作家朋友，但是他的绘画圈子里还是充满了当年蒙马特的乡村氛围，他的多数朋友还是西班牙人。

当毕加索的作品开始出现在福勒吕街上时，马蒂斯还没觉得从绘画的角度上看，他会对自己造成什么威胁，但是斯坦兄妹对这位年轻的西班牙人的喜爱却是另外一回事。 从那年冬天起，毕加索开始为格特鲁德创作肖像画，似乎他已经完全获得了她的忠心。 事态的发展让马蒂斯颇为尴尬。 他不仅比毕加索年长，而且名气比他大，还有本土优势，对一个 36 岁的画家来说，让他承认与一个 25 岁的后辈竞争，实在是一件有失身份的事情——尤其是毕加索那种波希米亚式的态度，他似乎对什么都不在乎。　不过马蒂斯一定注意到了，毕加索很会讨好斯坦一家人，并且很快就开始占领他的领地。　他第一次与斯坦一家人共进晚餐后就提出为格特鲁德绘制肖像画，后来这件事演变成一场浩大费时的工程，格特鲁德为此做了大约 90 次模特。　几个月后，毕加索又用他娴熟的技巧为里奥绘制了一幅较小的正面肖像，几乎在同一时期，为了取悦女士街的两位斯坦家的人，毕加索还为迈克尔和莎拉的儿子艾伦画了一幅侧面肖像画。　就这样，毕加索不仅满足了斯坦家的所有人，而且依然把格特鲁德摆在了最重要的位置，因为她的画像是最大的，而且画在油画画布上，而其他两幅只是画在纸板上的水粉画。　在此后的人生中，毕加索也表现得非常擅长处理这方面的关系，显然这也算是他的一种天赋吧。

　　而这些事情对于马蒂斯来说却并不容易，为里奥和艾伦·斯坦画肖像画这种事根本不可能发生在他的身上。　他没有像毕加索那样挥洒自如的天赋，对他来说，任何事都要经过认真思索。　"所有这些画"，按里奥的话来说，"都是很困难的工作……他总是反复地修改，直到他满意为止。"从很大程度上来说，这是因为马蒂斯用他的画笔思考，他总是在创作的过程中发现新的思想，而毕加索却有一种特别的天赋，在他的脑子里，所有的构思会事先成形，他只需要用画笔画出来就好了。

　　很难想象这两个性情完全不同的人会产生什么样的碰撞。　很自然地，自从斯坦一家开始收藏他们的作品，两位画家就将彼此视作了竞争对手。

III.

新的竞技场

马蒂斯与毕加索经由格特鲁德和她哥哥的引荐成为了朋友,但事实上,他们是竞争对手。

——格特鲁德·斯坦

毕加索将格特鲁德的出现看作是一个特殊的信号,因此对她的画像倾注了很多心血 (图 3.1)。 通常来说,他不需要模特,而是凭借记忆和想象创作,但是这一次他坚持要求格特鲁德为他做模特。 从 1905 年底开始,为了满足毕加索的要求,她每周都会几次乘公交车穿过巴黎,然后徒步走到蒙马特山为他做模特。 斯坦后来描述了毕加索第一次为她画画的情形:"他直直地坐在椅子上,身体离画布非常近,他的调色盘很小,上面清一色都是褐灰色,后来他又混合上了更多褐灰色,接着就开始画了。"

开始时,由于毕加索刚刚在秋天沙龙观看了塞尚和安格尔的作品,因此他想别出心裁地结合这两个人的风格来处理格特

图 3.1　毕加索,格特鲁德·斯坦画像,1905~1906 年。 100 厘米×81.3 厘米

鲁德的画像。 画中斯坦强势的外形让人联想到安格尔为路易-法兰斯瓦·伯坦[1]绘制的著名肖像画，这幅画曾被马奈开玩笑地称为"布尔乔亚之神"，但是斯坦的手朝向不同的方向，这个姿势类似她所收藏的塞尚夫人的肖像。 整个画面很有立体感，就像塞尚大多数的雕刻作品一样；但此时，毕加索还无法理解和掌握塞尚晚期作品中的流动感。

在作画的过程中，费尔南德·奥利维尔有时会为他们朗读拉·封丹的《寓言》，但有时他们也会长谈一番。 在此期间，格特鲁德正在创作小说《三种生活》，书中的主人公是一个名叫梅兰克莎·赫伯特的黑人女孩。 毕加索对这个故事很感兴趣，尤其当他后来迷上非洲艺术后，更是对这本书喜爱有加。 对斯坦来说，这本书同样意义非凡，她甚至称之为"对我的最好证明"。 这是一本自传体的小说，讲述了一个不幸的爱情故事，后来她还以黑人社会为背景，对其进行了改写。 当人们还把"黑鬼"和"非洲人"看作是同一个词的时候，斯坦已经开始涉足跨文化的题材了。

在毕加索为格特鲁德画像期间，他与马蒂斯有了第一次会面。 后来人们对他们初次见面的时间和地点有不同版本的描述，但是大致的时间应该是 1906 年的 3 月，见面地点是斯坦的公寓，或者是马蒂斯举办画展的画廊。 此后不久，马蒂斯与里奥和格特鲁德一同前往了毕加索的画室。 不论从什么方面看，斯坦一家人都是不同寻常的人物，尤其在当时的欧洲人眼中，而格特鲁德则是其中最特立独行的一个。 她平时总是穿着"类似和服样式的灯芯绒外套"，就像毕加索为她画的肖像画中的衣服那样，而且她从不穿胸衣，因此身材总是看起来鼓鼓的。 这家人从来不会区别乡下人和城里人的穿着，常常蹬着一双凉鞋穿行在巴黎的市中心。 玛格丽特·马蒂斯后来回忆了陪着父亲第一次去"洗衣船"的经历。 对于一个当时只有 12 岁的小女孩来说，毕加索的画室没给她留下什么印象，但她却记得他的狗，一只圣伯纳犬。 还

1　路易-法兰斯瓦·伯坦：《论坛报》主编，作家以及艺术收藏家。

有就是和她父亲新交的美国朋友一起穿过巴黎街头时的尴尬场景："在歌剧院大街上，人们都吃惊地盯着我们看，斯坦一家人实在是太扎眼了，尤其是她，看起来那么高大，简直像个男人。她穿着厚厚的灯芯绒裙子，看起来很土气，而且他们全都穿着那种带皮带的凉鞋，像光脚的拿撒勒人[1]，或者是那个赤足跳舞的邓肯[2]。"

　　两人相识的时候正是马蒂斯事业的腾飞阶段。1906 年 3 月 19 日，他的第二次单人画展在德吕特画廊开幕了。这次一共展出了 55 幅作品，还有一些雕塑、水粉画、素描和版画，时间是从 1897 年到 1906 年，因此从中可以很清晰地回顾他这些年的发展历程。就在第二天，独立沙龙的画展也开幕了，马蒂斯为此献上了他迄今为止最大型也是最大胆的作品——《生之喜悦》（图 3.2）。马蒂斯非常清楚这

图 3.2　马蒂斯，《生之喜悦》，1905～1906 年。174 厘米×238.1 厘米

1　拿撒勒：以色列北部城市，位于历史上的加利利地区。
2　邓肯：美国女舞蹈家，现代舞先驱，常常赤脚跳舞。

幅画的重要性，因此在展出这幅画时，他选择同时在一家私人画廊举办个人画展，无疑是想确立自己"画派领军人"[1]的地位。 不过他的这种做法显然影响了毕加索。 《生之喜悦》的原创性，那些在德吕特画廊展出的作品，特别是那些造型极为简约的女性裸体素描和版画，对他来说无疑是一个巨大冲击。 相比之下，毕加索为格特鲁德创作的肖像画则显得有些保守了。

《生之喜悦》充满了跳动的能量、艳丽的色彩和悸动的线条。 这幅洋溢着明亮的红色、黄色和紫罗兰色的《生之喜悦》也是一件混合着各种风格的作品，是不协和审美风格的早期代表。 整张画采用了多变的颜料运用和突然变化的绘画方法，甚至相邻的区域也呈现出巨大的反差。 画面中强烈的——几乎称得上轻狂的——折衷主义[2]风格使画面的不协和感愈加强烈。 这幅画借鉴了史前洞穴的绘画风格，安格尔和塞尚的构图，以及同时代新艺术装饰所钟爱的阿拉伯式扭动的姿势。 仅仅是手拉手围成圆环的舞者就让人联想到曼坦那、安格尔、戈雅以及阿戈斯蒂诺·卡拉奇——更不用说希腊的花瓶彩绘、中世纪的挂毯、安东尼奥·波利约洛的作品以及文艺复兴早期的插图画。《生之喜悦》这种扑面而来的折衷主义风格一定对毕加索很有启发，因为后者的画作也常常暗指前人的作品，不过通常是以模糊的或者讽刺风格来呈现的。

尽管《生之喜悦》的主题秉承了文艺复兴时期的传统田园风格，但是整幅画将这一传统的各个方面进行了不同寻常的整合，以至于它不仅仅是整个西方绘画的概括和综合，同时也是对其不断的攻击。 这幅画表面上看是田园风格的题材——一个充满人间欢乐的花园——但实际上马蒂斯采用流动性的手法和原始的绘画方式对这一主题进行了大量解构。 他将传统的田园主题改造成对欲望之源的

1　"领军人"：1905 年，艺术评论家路易·沃塞勒曾用"画派领军人"来评价马蒂斯。

2　折衷主义：以不同的理论、方法、风格，择其最佳要素，应用在新的创作中。

冥想。这一思想正好契合该画文学上的灵感之源——斯特芳·马拉美[1]的《农牧神的下午》中对情欲的幻想。马蒂斯想象的画面如诗中所述，仿佛是梦境一般，所有的人物都沉浸在自己的欢娱中，整个画面流露出一种奇怪的、超脱世俗的情欲之欢。

画面中间躺着的两位裸体女子使人联想到马拉美笔下的仙女，他将其称作"美好欲望的幻想"。此处的互补用色是整幅画中强烈对比效果的一个典型代表，也象征了一种自恋式的性欲倾向。后边举起手臂的女子源于希腊神话中阿里阿德涅的形象，也是性欲的传统象征符号。画中女子的形象，也就是被称为"欲望之梦"的女子形象，后来成了马蒂斯创造的重要主题，他曾着迷一般创作了多幅该题材作品——毕加索甚至借此攻击马蒂斯，但同时也表达了对他的敬意。

由于《生之喜悦》规模宏大，使得小幅作品中不那么明显的特点显现了出来——马蒂斯正在用一种全新的方式使用颜色，他对光线不再是如实描绘而是用心感知。如果说《戴帽子的女人》产生的是出其不意的效果，那么《生之喜悦》给人们带来的震惊则可能是马蒂斯有意为之。曾为毕加索的画展撰写目录说明的夏尔·莫里斯对《生之喜悦》表达了强烈的保留意见，不过尽管如此，他还是把"问题"归咎于沙龙。莫里斯写道，"人们觉得它非常滑稽和怪异"，尽管他自己认为这幅画"经过了慎重的构图和理论上的思考"。甚至它的买主里奥·斯坦开始时也十分困惑，他多次来到沙龙研究这幅画，最终在反复衡量了一周后决定买下这幅画，并声称"这是当时最重要的绘画作品"。沙龙的画展一结束，这幅画就被立即送到了福勒吕街，挂在了格特鲁德和里奥的陈列室里——与其共处一室的还有他们刚刚买下的毕加索1906年的作品《牵马的男孩》。

1　斯特芳·马拉美：(1842~1898)法国象征主义诗人和散文家。《农牧神的下午》全诗共116行，以农牧神的第一人称在介乎现实、梦幻与回忆之间徘徊。

　　里奥对《生之喜悦》的高度评价让毕加索甚为苦恼，他不得不承认这幅画比他现在创作的任何作品都更加大胆，更加"前卫"，这种用色方式完全超越了他这个色彩大师的能力范围。 马蒂斯在这幅画中表现的感觉使得毕加索愈加难以完成格特鲁德的肖像画，显然他希望创造一幅令人耳目一新的作品，使之媲美《戴帽子的女人》，但是《生之喜悦》的出现完全打破了他的幻想。 在看过马蒂斯的新作不久，毕加索涂掉了肖像画中的脸，并且对格特鲁德说："当我看着你的时候，我再也看不清你这个人了。"他后来前往巴塞罗那北部的加泰罗尼亚山中小镇戈索尔，这幅肖像画的创作也被搁置了。

*

　　如果说马蒂斯与毕加索的关系后来演变成了一场对弈，那么这一阶段他们的关系则更像一场拳击赛——但是比赛的双方却不想给人一种互相攻击的感觉。 尽管此时已有剑拔弩张之势，他们都认为应该降低对抗性，并在斯坦一家人面前表现出合作者的关系。 那年五月，里奥写信给马蒂斯，告诉他安布罗瓦·沃拉尔德以2 000法郎的高价买下了毕加索的27幅作品，让毕加索的生活大有改善，里奥认为马蒂斯会为毕加索的成功感到高兴。 事实上，马蒂斯大概确实如此，因为此时他依然把毕加索看作一个有些麻烦但是非常有天赋的小兄弟。

　　在戈索尔，毕加索正在思索应该如何回应马蒂斯，以及如何更好地把塞尚作品中的重力感融入自己的画中。 受到中世纪加泰罗尼亚艺术和戈索尔地区的影响以及奥苏纳古代伊比利亚雕塑的启发，他将这一年春天开始尝试的雕塑化的风格和古代绘画的特点进行了放大。 到夏天时，他的作品变得更加简朴、硬朗，更具雕塑感。 早期绘画中的一些故事性有所保留，但现在的作品主题更加模糊，叙事性也不那么明显了。 在戈索尔的这段时期，他创作了严肃的《手持调色板的自画像》（图3.3）。 画中的颜色极少，唯一亮丽的颜色来自他手中的调色板，似乎在暗示他想走与马蒂斯完全相反的路子：将鲜艳的颜色融入黄褐

图 3.3　毕加索，《手持调色板的自画像》，1906 年。92 厘米×73 厘米

色和灰色中。

　　画中的毕加索比他本人看起来年纪更大，似乎他想让自己显得更加睿智和内敛。刚刚剪过的短发让他看起来像一个苦行僧，深陷的锁骨以及有些消沉的形象都加深了这种感觉。虽然手持调色板，他的姿势显然并不是在作画；他右手叉腰，摆出一副品评的样子，既不是在看镜中的自己，也不是在看观赏者，而是凝视某处，似乎在从一个抽离自我的位置来打量自己。他将自己描绘成谦逊的画工，调色板象征着命运的召唤，他的表情平实而质朴，就好比手握泥刀的泥瓦匠。

　　毕加索对自己平静的描绘与马蒂斯同年夏天所作的自画像形成了强烈对比（图 3.4），当两幅画并排展现在面前时，马蒂斯的作品无疑比毕加索的更具冲击力。马蒂斯的脸占据了这幅画的大部分空间，双眼紧紧注视着观看者，桀骜不驯的眼神中透出一丝防御的心态。（他为这幅画下了很大的工夫，才最终得到了他想要的效果。）画中的他没有戴眼镜，身穿横条纹水手服——毕加索后来经常穿着这种 T 恤——衣领滑向一边，露出肩膀，看起来一副漫不经心、洋洋得意的样子。深邃的眼神，雕塑一般的头像，这些处理混合了画家浪漫主义

图 3.4　马蒂斯，《自画像》，1906 年。
55 厘米×46 厘米

的情怀和独具匠心的设计。 这幅画是马蒂斯最注重色彩应用同时也是最富雕刻感的自画像，它秉承了塞尚成熟时期最具动态感的用色方式，这种层叠绘制的形式极富创意，以至于该画的创作手法与画中人物同样引人注目。

毕加索完成格特鲁德的画像后不久看到了马蒂斯的自画像，画中展现的力量无疑给年轻的毕加索提出了巨大的挑战。 迈克尔和莎拉·斯坦买下了这幅画并把它挂在女士街公寓的墙上，这样毕加索每次去他们家吃饭时都能看到它。

格特鲁德画像的创作象征了现代艺术的一大主题——艺术家们不得不找寻一种新的表现现实的方式，他们发现这种方法要从自身去寻找。 似乎是为了凸显自己的想法和脱离现实影像的决心，毕加索八月返回巴黎后，在格特鲁德不在场的情况下，大胆地根据记忆重新绘制了脸的部分。 格特鲁德十分满意这幅作品，而毕加索也破例把这幅画免费赠送给了她。 格特鲁德把画带回了福勒吕街并且用一种任何人看来都是极为挑衅的方式挂在了《戴帽子的女人》上方——甚至还没镶上画框（图 3.5）。 她的许多朋友都对画中格特鲁德严肃的神情感到难以接受，纷纷表示画中的人与她并不相似。 毕加索则回应说："没关系，以后她会设法越变越像画上的样子。"确实如他所说，多年后，这幅画不仅代表了她的艺术气质，还传神地表现了她后来的外形。

毕加索为格特鲁德绘制的这幅肖像画体现了两种不同的风格：塞尚风格的衣料及背景处理，以及古代绘画风格的脸部和手部处理。 这幅画是毕加索艺术发展的一大重要转折点，因为从此他开始在一幅作品中融合两种不同风格——而且融合的方式与马蒂斯不同。 斯坦面部呈现的"古代"绘画风格与绘制衣料的优雅手法形成鲜明对比，暗示了她强势性格中"原始"且不同寻常的一面，同时也暗示了常规的衣物和表面上的端庄得体完全掩盖不住格特鲁德强大的内心。 这种风格上的碰撞呼应了——尽管只是些许——马蒂斯在《生之喜悦》中使用的手法。 这种方法成就了这幅画的内涵，暗示了斯坦的两面——表面上一如衣物所表现出的

图 3.5　里奥与格特鲁德·斯坦的画室。 1906 年

平静与镇定，但内心中却像脸和手所流露出的固执而不安。 面具一般的脸孔在诉说着什么，但隐藏的更多，或许更准确地说，画家就是想让观者产生这样的感觉，因为那些神秘而不可知的东西往往比浅显易懂的东西更有力量。 我们能感知到格特鲁德的两面性，这说明毕加索并不想为她下任何定义，而是把她当作一个谜，和我们分享对她的困惑。

　　毕加索为格特鲁德创作的画像神情严肃、色调沉重，与格特鲁德的文学理想非常相似。 从这一意义上看，她所拥有的任何马蒂斯的作品都无法做到这一点。对格特鲁德来说，《戴帽子的女人》中她所喜欢的就是那种面具似的脸，这张脸背后隐藏的东西远比流露出的多，不过马蒂斯的画强调了女人的脆弱，而毕加索的画把面具变成了坚毅和力量，这一点非常符合格特鲁德对自己的想法，也是她想呈现给别人的形象。 毕加索故意为自己自然主义的画作蒙上一层面具，与之异曲同工的是斯坦也在"为自己的文学创作编织一张面具"。她的小说人物梅兰克莎就是一个典型的例子，斯坦特意以黑人背景重写了她的故事。同样地，她期望毕加索在创作《亚威农少女》（图3.8）时使用非洲面具。斯坦面具一般的脸孔凸显了"客观世界和内心感受，常规表达与传达神韵"之间的矛盾，她与毕加索终其一生都在这条矛盾之路上探索前进。

*

1906年秋天，马蒂斯和毕加索都迷上了原始艺术，尽管方式各有不同。在科利乌尔度过的这年夏天，马蒂斯来回转换于两种风格之间，一种是塞尚式的立体风格，一种则是平面的、装饰性的，甚至有些幼稚的风格，两个版本的《年轻的水手》就是这一时期的典型写照。同年秋天，他返回巴黎，此时的他对自己夏天创作的作品非常没把握，以至于他半开玩笑地说这些看起来很原始的作品都是邮差画的。

1906年的秋天沙龙为高更举办了一场纪念展，其中展出了大量原始风格的木雕和陶器。此时的马蒂斯与毕加索都对高更很感兴趣，而且由于这年夏天的经历，高更的作品展对他们来说更富启发意义——尤其是接下来还展出了一些塞尚的作品，引发了他们另一种将真实扭曲变形的表现冲动。这些画展之后，毕加索创造了数件木雕作品，而一向以陶土制造雕塑的马蒂斯也创作了他唯一的一件木雕作品。当时对雕刻产生巨大热情的不止他们两人，最早热衷于研究原始艺术的法国艺术家之一德汉此时也开始用木头和石头进行雕刻创造。

马蒂斯将非洲艺术引荐给毕加索的故事广为流传。前一年春天，马蒂斯开始对非洲的东西特别着迷，他几乎每天都去雷恩街的一家古玩店看那些来自非洲的商品。他回忆说这种雕刻的语言太不可思议了，与埃及的艺术风格非常类似，"欧洲的雕刻作品重视表现肌肉组织和还原真实，但是这些黑人雕塑完全以原材料为基础，按照自己独特的平面和比例来创作"。有一天，他花50法郎在这家店买了一件刚果人的小雕像，雕的是一个把双手举到嘴边的坐立男子。后来他带着这个雕像去格特鲁德·斯坦的家："我给她看我的雕像，正好毕加索走过来，于是我们开始聊了起来，这个时候毕加索才意识到非洲雕刻艺术的存在。"

对于非洲艺术，马蒂斯当时的主要兴趣是对人体平面和比例充满想象的再创造，而毕加索印象最深的则是非洲雕塑的魔幻色彩——尽管他的第一反应似乎和马蒂斯类似。 在马蒂斯给毕加索看的那尊雕像中，非洲艺术的"恋物崇拜"还不明显。 众所周知，毕加索对非洲艺术的"觉醒"是在 1907 年春天，而不是 1906 年秋天，因此事实上他对非洲艺术的理解应该分为两个阶段——第一阶段与马蒂斯的看法类似，而第二阶段则表现出更加原始和暴力的力量。 1906 年秋天的作品《两裸像》体现了第一阶段的特征（图 3.6），这幅画带有明显的非洲雕塑的结构特点和紧凑的比例关系，以及"原始风格"的主题。 画中女人短小粗壮的身材很自然地让人联想到正在创作梅兰克莎故事的格特鲁德·斯坦。两个女人的形象不仅暗示了身份的分裂，还暗示了女同性恋的关系——一个深深吸引毕加索的主题，他曾在之前的多幅作品中对这种关系进行描绘。

在《两裸像》中，两个女子站在半开的帘幕前，令人产生诸多遐想。 其中一人掀起形似阴道的幕布，另一人指向幕布后的东西，似乎既在揭露也在隐藏——她们指向某种隐藏在深处的秘

图 3.6 毕加索，《两裸像》，1906 年。
151.3 厘米 × 93 厘米

密，但是她们的身体却阻挡了我们的视线。

毕加索对原始艺术第二阶段的理解源于次年春天，他参观了特罗卡迪罗的人类学博物馆，后来还用非常有力的语言描述了这次经历。 与热衷于日本文化的后印象派画家不同，毕加索对日式版画完全没有兴趣，而是表达了对"恋物崇拜"和非洲艺术的热爱。 他曾对安德烈·马尔罗说："我们关心的是黑人文化，这种文化对我的影响不比对马蒂斯或者德汉的多，不过对于他们来说，非洲面具不过是一种雕塑形式。 马蒂斯给我看他买的第一个黑人头像的时候，他跟我说这是埃及艺术。"毕加索后来详细描绘了他与非洲艺术的第二次邂逅。

我到特罗卡迪罗之后，发现这个地方恶心极了。这是一个跳蚤市场，味道难闻。我只身一人，本打算离开，但是我没走，而是留下，继续留在这里。我知道一件非常重要的事即将发生在我身上，不是吗？

那些面具和其他雕塑不同，完全不同。它们充满魔力。为什么埃及的或者占星用的东西没有魔力？我们还没意识到，这些只是原始（古代）的东西，不过没有魔力。但是黑人雕塑是"通灵的神物"，这个法语词我也是那时候才知道的。它们对抗一切事物，一切未知的危险的鬼魂。我一直盯着这些神物，我知道我也可以对抗所有的东西，我甚至觉得所有的东西都是未知的，都是敌人！所有的一切！……我明白了黑人为什么要创造这些神物。为什么这么雕而不是那么雕？……但是所有的神物都是为了一个目的而造。它们都是武器，是工具。如果我们让灵魂有了可以依附的外形，我们就能和他们分离开来。灵魂、潜意识（当时还没有多少人用这种说法）、情绪，都是一回事。我明白了为什么我要当画家，一个人待在可怕的博物馆里，和那些面具、红皮肤的人偶，还有布满灰尘的假人为伍。创作《亚威农少女》的灵感一定就是那天获得的，但是完全不是因为受到这些东西的外形的启发，而是因为它是我第一幅驱魔作品——是的，绝对是！

图 3.7　马蒂斯，《蓝色裸体》，1907 年。92.1 厘米×140.4 厘米

　　毕加索 1907 年春天在特罗卡迪罗的经历以及前一年马蒂斯在格特鲁德家给他看的非洲雕塑使他对非洲艺术有了全新的认识。但除此之外，还有另外一剂强力的催化剂促成了他的转型，那就是马蒂斯的作品《蓝色裸体》（图 3.7）。

　　1907 年，《蓝色裸体》在独立沙龙展出。和前一年的《生之喜悦》一样，这幅画是马蒂斯的唯一送展作品。画中女人举起手臂，侧卧在地，摆着"欲望之梦"的姿势，她的形象源于《生之喜悦》中位于中心位置的那个女子。似乎是为了强调这种延续性，马蒂斯只是简单将其命名为《3 号画》，作为梦幻田园系列作品之一。但是这幅画对传统绘画的冲击甚至比《生之喜悦》还要大。尽管它表面上描绘的是学院派钟爱的题材，但其他任何方面都与学院派的裸体绘画风格格格不入——它的粗陋也与安格尔的精致背道而驰。更重要的是，《蓝色裸体》使用了塞尚风格的蓝色基调和有意为之的粗劣感，无疑是在向去世不久的塞尚致敬，同时也是对他的有力回应。

　　不过《蓝色裸体》最引人注目的还是它毫不掩饰的丑陋，以及如何用丑陋表现最原始的真实。这体现在强有力的画法、粗糙的立体感以及突兀的衔接上——

与马蒂斯和毕加索所青睐的非洲雕塑有着类似的特点。 画中女人的躯干大幅扭曲，仿佛上半部分和下半部分分属于不同的身体；当我们关注上半部分时，视角是正面平视；而当我们转向下半部分时，看起来女人似乎侧卧在地，视角变成了从上往下的俯视。 将整幅画面连接起来的，除了女人起伏的曲线和她身后的背景，就是从她身体上释放到背景中的蓝色光芒。 《蓝色裸体》采用的不是单一视角。 她向四周散发的象征力量比马蒂斯以往的任何人物都要强烈，如同树根一般的身体既扎根在土地中，又奋力挣脱土地的束缚，把能量输送给身边万物，助其繁衍生息。 前一年春天，马蒂斯曾到比斯克拉的阿尔及利亚绿洲旅行，他在那儿深深感受到原始的气息和大地的粗犷力量，这个女人象征的正是源于那里的旺盛生命力——她可谓是现代的非洲维纳斯。

画面的粗糙和毫不掩饰的丑陋，以及男性化的头部和肩部（让人联想到塞尚性别模糊的《浴者》和米开朗基罗美第奇墓前的人物）给里奥兄妹留下了深刻的印象，因而他们出资买下了这幅画。 格特鲁德很喜欢它给访客们带来的巨大冲击，她经常津津乐道地回忆她家守门人的五岁儿子第一眼看到这幅画时的情形。他一下子跳到她怀里，"高兴地喊着，哇，多漂亮的女人身体啊"。 她非常乐于讲述这个故事，曾写道，"突然到访的陌生人看到这幅画，然后用他们突兀的语气问，这画是到底想说什么？"

《蓝色裸体》给毕加索提出了一个重要的挑战。 在之前的几个月里，他一直在研究古代和原始画风的形式，试图将安格尔的线条性与塞尚的坚实感融合在一起，而《蓝色裸体》的大胆手法无疑是对这一尝试的无情嘲笑，因为无论从什么方面来看，毕加索都处于下风。 当时毕加索对塞尚理解得最为透彻的只是其中期作品中的可塑性，而马蒂斯此时已经开始尝试塞尚式的未完成性，试图表现事物的抽象力量，而不再专注于对实物的具体描绘。 这正是塞尚晚期最激进的想法，也是对后来 20 世纪绘画艺术影响最为深远的思想。 但是这一思想当时只有寥寥数人能够理解——马蒂斯正是其中翘楚。 如同塞尚晚期的作品,《蓝色裸体》散发出一种流动的透明感,但是同时它的造型又相当立体而坚实。 这种看似矛盾的结合使画面既有强烈的整体感,又暗藏各种激烈的冲突。 《蓝色裸体》——扭曲感,流动性和可塑性的统一体——走向了一种新的组合:塞尚与非洲雕塑风格的融合。

此前的几个月里,毕加索尝试在多幅作品中模糊人物的性别——部分受格特鲁德·斯坦的启发——格特鲁德的画像以及《两裸像》这样的作品都以此作为重要的元素。 而对毕加索而言,《蓝色裸体》对此做出了尤为有力的回应,可以说马蒂斯在这个领域远远超越了他。 此外,《蓝色裸体》尽管在颜色的处理上较为微妙,但色彩并不鲜艳,这无疑又对毕加索擅长的领域提出了一大挑战。 但也正是这种收敛色彩的做法使得毕加索找到了另一条创作的道路。 当他看到《蓝色裸体》时,他马上打消了用《生之喜悦》的风格与马蒂斯直接竞争的念头,并且意识到这不是他所追求的艺术目标。

如果如毕加索所说,创作《亚威农少女》源于在特罗卡迪罗与非洲雕塑的偶遇,那么这个说法极有可能是真实的,因为马蒂斯的《蓝色裸体》已经表明非洲雕塑可以与塞尚的风格进行融合。 事实上,《蓝色裸体》展现出的特质更适合毕加索的性格,而不是马蒂斯。 评论家米歇尔·皮伊评论马蒂斯这幅 1907 年的画作时说道:"低吟浅唱不再,代之以大声呐喊;轻拍爱抚不再,代之以粗暴呵斥。" 这种纯粹的侵略性正是当时的新艺术所追求的,而毕加索性情中暴力的一面也由此得以释放。

*

1907 年春,作为对马蒂斯的回应,毕加索在兴奋与不安的情绪中开始了一幅新作品的创作。 这幅原本被他的朋友们称为《哲学妓院》,后改名为《亚威农少女》(图 3.8)的作品不仅是现代绘画史最重要的里程碑之一,也是 20 世纪最暴力的绘画作品之一。

图 3.8　毕加索《亚威农少女》，1907 年。 243.9 厘米×233.7 厘米

　　《亚威农少女》是毕加索一系列妓院主题的作品之一，此前这一系列中最重要的一幅作品是创作于 1906 年的《后宫》，毕加索以此作为对安格尔《土耳其浴室》的回应。 画中主要描绘一个阉人形象的男性，他的身边摆放着香肠、面包和一个生殖器形状的酒杯，正享受着安逸舒适的西班牙式的生活。 而《亚威农少女》将这种遥远且带有异域风情的后宫场景搬到了现代的妓院中，画中唯一还保留东方色彩的物品就是那片弯刀形状的甜瓜，依然透着东方武器的锋利与邪恶。

　　毕加索此前为《亚威农少女》作了大量研究。 他原本想在这幅画中加入两个男性角色，并且其中的一份铅笔草图呈现出塞尚式的抒情诗般的风格，整幅画看起来相当和谐美好：桌上摆放着一盘削好的甜瓜，前景显著的位置矗立着一个盛满鲜花的大水罐，画面的左边是一个手捧书本的青年（通常被人们认为是一个"医科学生"），另一个男性角色（"水手"）则坐在桌边，身边围绕着五名妓女。 他手中拿着一个骷髅头，象征妓院是一个充满危险的地方——不仅指潜藏在这里的疾病与暴力，还暗示性爱本身所带来的痛苦与灾难。 骷髅头这个形象在毕加索的多幅研究笔记中都曾出现过。

　　刚开始绘制这幅作品时，毕加索使用的是平滑柔和的线条，画中左二和左三的女子就明显带有这种风格，人们有时将其称为"伊比利亚"女子，因为她们简洁复古的形象来源于毕加索曾经非常欣赏的早期伊比利亚雕塑的风格。 而另三名女子则很有可能是在 1907 年重新创作的。 此时毕加索已经开始研究特罗卡迪罗博物馆的非洲雕塑，因此这几位女子常常被称为"非洲"女人，她们的形象看起来比另外两位粗野的多：她们身上的线条如同刀削斧砍一般。 这也是为什么毕加索将这幅画称为他的第一幅"驱魔作品"。

　　但是，他到底想驱什么魔呢？ 此时，毕加索与费尔南德的关系出现了危机，事实上那个时候他们已经分开好几个月了。 费尔南德对待这种紧张关系的本能反应就是和其他人上床，以此惩罚毕加索；考虑到毕加索强烈的嫉妒心，这么做无疑会给他带来巨大的痛苦。不过应该注意的是，驱魔的想法不仅仅是因为和费尔南德的关系恶化，还来源于他对待女人的复杂心情。毕加索的母亲对他极为溺爱，并且家中女性众多，从姑姑婶婶到一个接一个的女佣对他都是宠爱有加，这也导致他对女人的态度既厌恶又温柔，一方面"极力讨好她们，争取她们的爱和关注"，另一方面却总是想"将她们玩弄于股掌之间"。如同毕加索自己所说，女人"既神圣又庸俗"。不论是主题的象征性还是风格之间的冲突，毕加索作品的各个方面都渗透着他对女性的这种双重态度。在《亚威农少女》中，他试图驱逐深埋在心中的心魔，即那些女人和性爱给他带来的恐惧。他害怕为爱痴狂，对性病、性无能和死亡充满了焦虑。

＊

《亚威农少女》最终完成时，两个男性角色被抹去了，而且主题也发生了巨大的变化。观看者显然被置于买春者的视角，画中的女子向其展示身体，似乎在催促客人赶快做出选择。这种将观看者也纳入画中心理框架的做法和女人们所表现出的大胆粗野让人联想到马奈的《奥林匹亚》。毕加索曾在1905年的秋天沙龙上看到过那幅画，该画还曾在1907年与安格尔的《大宫女》并排展出。在《亚威农少女》中，之前设计的骷髅和书没有了，但是这种危险的气氛依然在画面下方刀锋状的甜瓜上得以延续——事实上，洞穴一般紧压的线条暗示的是长牙齿的阴道（毕加索20年代和30年代常画的龇牙咧嘴的女人中反复出现这种形象）。相比之下，马蒂斯笔下的植物给人一种多么不同的感觉啊！《生之喜悦》如同植物般宁静，甚至人物的线条都采用柔和的波纹，而《亚威农少女》释放出的却是动物般的能量。不过毕加索笔下的人物也有非人化的一面，部分是因为充满暴力的表现方式，部分由于女人们破碎如玻璃一般的形象。整幅画的构图棱角分明，透着一股邪气。

*

　　尽管从《亚威农少女》开始，毕加索开始逐渐弃用叙述性的主题，但这幅画中依然保留了明显的叙述性元素。 观看者被置于妓院客人的位置，并且有五名女子供选择——她们中有人引诱，有人冷淡，也有人敌视，五名女子对客人的态度各有不同。 两名女子似乎刚刚见过其他客人后返回这个房间，对这里的客人全然不予理会：画面左边的女子进来时用左手拉起门帘，一副埃及女神般高贵的姿态；右上角的非洲女子脸部被划花，她进屋时也用手拉起了门帘（这个动作让人联想到《两裸像》）。 两名伊比利亚女子也展现出一副优雅、超然并且极其专业的样子（她们的脸也带有明显马蒂斯特色，其中举起手臂的女子与《生之喜悦》中主要人物的姿势如出一辙）。 坐在右下角的女子则与她们非常不同，她的脸是一张诡异的面具，脖子以一种奇怪的姿势扭向观看者，眼神如同怪物般凶悍。 她蹲坐在地的姿势让人联想到塞尚的浴者画——尤其是马蒂斯买下的那幅《三个浴者》。我们无法确定她是坐在软垫上还是坐在浴盆上，不过似乎更像后者。 但不论是坐垫还是坐浴盆，从这名女子身上都可以看到毕加索对待前辈大师惯用的手法——用夸张的模仿戏谑并致敬。 给塞尚风格的女子带上诡异的面具并且让她坐在浴盆里，毕加索是在用自己的方式表达对塞尚和马蒂斯的不屑——或者说，对马蒂斯理解下的塞尚表示不屑。 这是典型的毕加索式的做法，不仅有意"歪曲解读"前辈大师的作品，还要对其进行猛烈的攻击。

　　"悬而未决"的风格冲突对于表现《亚威农少女》的主题起到了重要的作用。这幅画不仅呈现出多样的风格，而且展现了一系列从消极被动到热烈主动的女性态度。 这些反差对于表现绘画的表面主题来说是非常合适的：在各种体验中做出一个选择，其中既有任意挑选和"消费"，也有被威胁，甚至被毁灭——例如右下角的面具女子，她拒绝接受客人的控制，与绘画主题和风格格格不入。 如果说《亚威农少女》在某种程度上来说是"未完成的"或者"悬而未决的"，这不仅仅是因为它展现了毕加索在私人问题上两种完全不同的选择——处女和妓女，还因为它的结构暗示了一种艺术和文化上的僵局：选择哪种女性，哪种文化，哪种风格？ 甚至从某种意义上来说，选择哪一种非洲？

马蒂斯笔下的非洲艺术更接近法国殖民下的非洲，例如象牙海岸[1]。 人们认为那里的非洲人代表的是一种高贵的野蛮人，这种史前文明象征着孩子般的纯真和对精神力量的崇拜，这里的淳朴与自然与西方颓废堕落的生活形成了鲜明的对比。 但是非洲代表的东西不仅如此，还有活人祭祀、巫术和神秘而恐怖的仪式。 原始的非洲迷人而可怖，美丽而诡异，这些矛盾在毕加索的《亚威农少女》中得以一一展现。

*

《亚威农少女》也是一次对马蒂斯的《生之喜悦》的激励批判。 过去一年来，每当毕加索前往格特鲁德和里奥的公寓，他就不得不面对这幅画。 尽管粗犷原始的《蓝色裸体》给毕加索带来的冲击要大于构图平面、色彩鲜艳的《生之喜悦》，但《生之喜悦》野心勃勃的主题和巨幅的尺寸使得它更容易成为争强好胜的毕加索攻击的目标。 在《亚威农少女》中，毕加索似乎有意在每个细节上与《生之喜悦》针锋相对：后者线条流畅、充满喜悦、色彩艳丽；前者线条生硬、令人不悦、色彩单调。 马蒂斯的画作呈现出一种田园背景下对性爱的纯真幻想，是对人生喜悦的欢庆；毕加索的画则是对现实生活中妓院的残酷描绘，是对性爱带来的疾病和死亡的暗示。 马蒂斯的画是一次对传统绘画的挑衅；毕加索的画则宣布传统方式以及马蒂斯的画只是隔靴搔痒，甚至无聊琐碎。 评论界曾经认为马蒂斯太过离经叛道，但毕加索却在暗示他的叛逆还远远不够。

1907 年秋天，毕加索曾经在福勒吕街与美国艺术家以及评论家沃尔特·帕克

---

1 象牙溥岸：科特迪瓦共和国，旧译"象牙海岸"。

进行过一次对话，从对话中我们可以感受到毕加索对《生之喜悦》的感觉。

"你对这幅画感兴趣吗？"毕加索与帕克站在画前问道。

这时的帕克对马蒂斯还不怎么感冒，他回答说是的，但是感觉很奇怪："它就好像冲我脸上一记重拳，但是我还是搞不明白他在想些什么。"

"我也不明白，"毕加索答道，"如果他想画个女人，就让他画好了。如果他想设计点什么，那就让他设计好了。但是这幅画偏偏介于两者之间。"

毕加索对马蒂斯的评论正好说到了他的软肋。而今毕加索完成了《亚威农少女》，他终于可以随意地批评那种高度风格化的虚假做作之风。现在由他来决定什么是更真实的感情，什么是更"现代"的风格，这一次终于让他有理由相信自己在与马蒂斯的竞争中占据了上风。

*

《亚威农少女》在欧洲绘画界掀起了一场革命。由于它破碎的平面，有时人们也将其称为第一幅立体派画作，但这种说法依然存在争议——尽管这幅画确实是在立体画派出现之初创作的。之所以存在这样的困惑，大概是因为这幅画确实难以归入任何一种类别，而且毕加索创作的初衷就是如此。它完全是画家兴致所至的结果，以至于毕加索自己都不知道该如何对待它。这幅画在画室里摆了几乎十年，在此期间毕加索可能都一直不敢肯定它是否已经完成。

毕加索创作《亚威农少女》，期望以此与马蒂斯竞争，因此此时他的风格被认为是反马蒂斯式的，其显著特点包括大量减少颜色的数量、有意避用柔和的人体曲线以及马蒂斯偏爱表现的美好性爱。在《亚威农少女》中，毕加索走在了艺术前沿的最前端。在创作这幅画期间以及之后的几个月里，他画下了一系列充满浓烈感情的裸体非洲女子，从中可以感受到他想要驱除心中恶魔的强烈欲望。

在两位画家交手的第一阶段，毕加索以其新颖的作品成功反击。尽管有些支持者还一时不能接受他的新作，但此时的毕加索已经不再被人们看作是追随马蒂斯的才华出众的年轻西班牙人了。 当俄国收藏家谢尔盖·希丘金（由马蒂斯将其引见给毕加索）第一次看到《亚威农少女》时，他感叹道："真是法国艺术的损失啊！"但没过多久，他便像收藏马蒂斯作品一样开始热衷起收藏毕加索的画了。

在收藏品味的变化上表现最为明显的莫过于里奥和格特鲁德兄妹了。 尽管他们非常欣赏《蓝色裸体》所表现的强烈丑陋感和前卫的塞尚风格，但这却是他们所购买的最后一幅马蒂斯作品。 那年秋天，他们买下了毕加索的《手持面纱的裸体》，画中人物的姿势与《蓝色裸体》一样（似乎是为了戏谑马蒂斯的作品）——不过变成了站立样子，毕加索还尖刻地将之称为"我的卧女"，似乎为了故意强调与马蒂斯的关系，使其黯然失色。 让马蒂斯雪上加霜的是斯坦兄妹还买下了毕加索的一本素描册子，其中的一些画还被他们像油画一样装裱了起来。

IV.

夜与日

> 你必须把那一时期我和马蒂斯的所有作品放在一起比较。没有人比我更仔细地研究马蒂斯的画；也没人比马蒂斯更仔细地研究我的画。

——巴勃罗·毕加索

毕加索没有公开展出《亚威农少女》，因为他一直不敢确定是否已经完成这幅作品，并因此开始重新认识绘画的定义。 什么是一幅完成的绘画？ 象征的作用是什么及其应用的程度如何？ 这些都是毕加索在重新思考的内容。 这也是他第一次认真地研究如何将象征的任意性用来增加绘画中的表现力和哲学思考。

毕加索曾在画室中展示《亚威农少女》，但甚至是他的朋友们也被这幅画吓到了。 有人认为这是疯狂的表现。 德汉曾对不久后成为毕加索主要画商的丹尼尔-亨利·卡恩维莱说，他担心有一天毕加索会把自己吊死在这幅画后面。 卡恩维莱在1907年初秋第一次看到这幅画，当时他觉得这是"一件失败的作品"，不仅没有完成，而且超出了毕加索的能力范围，不过是一次无法实现的尝试而已。

另一位毕加索的好友安德烈·萨尔蒙记得当时艺术圈里的好友们非常欢迎毕加索的加入，但是他拒绝了大家的好意，转而投入非洲占卜师的怀抱，希望从中找到真实的自我。 他画了一些面目可怖的裸体像，看起来充满了憎恨。

吉约姆·阿波利奈尔对这幅画保持了沉默，至少在公开场合如此。 事实上，在毕加索开始创作这幅画后不久，他在笔记本上写道，毕加索的新作"包含了一种文字无法表达的美妙语言，因为文字是先于它出现的，唉！"当阿波利奈尔把这幅画引荐给乔治·布拉克时，后者对毕加索说，"看你的画就好像被你逼着吞麻绳、喝煤油，"你就像游乐场里的喷火器。不过几个月以后，布拉克自己也开始尝试"喷火"了。之后不久布拉克着手创作一幅回应《亚威农少女》的作品——这就是以毕加索的《亚威农少女》和马蒂斯的《蓝色裸体》为创作基础的《大裸女》。

里奥和格特鲁德·斯坦在那年春天看到了《亚威农少女》的初版，不过当他们十月份看到重新修改过的版本时，一点心理准备也没有。尽管格特鲁德一向认为自己的写作与毕加索的艺术探索在形式上有相似之处，但这一次她也觉得难以理解这个全新的版本。她如此描述这幅画（据她的同性恋人爱丽丝·托克拉斯所说）："一幅巨幅作品，一幅奇怪的画，我只能说，一边是一堆深深浅浅的颜色，另一边是三个红棕色的女人，高大结实，摆弄着各种姿势，整幅画看起来挺可怕的。"里奥从来就不太喜欢毕加索立体主义时期作品，他更是觉得这幅画"完全是一团糟"。对于《三个女人》，他也有同样的感觉，以至于他和马蒂斯一起观看这幅画时忍不住笑了出来，一边还感叹道，"不过这就是第四维度！"马蒂斯直到那年秋天才看到《亚威农少女》和《三个女人》，据说当时他也笑了——不过似乎这不太像马蒂斯的为人。据费尔南德·奥利维尔所说，马蒂斯发誓要"整垮"毕加索，这个说法流传甚广，不过从来没被证实过。似乎更可能的是，毕加索感觉到来自马蒂斯的威胁，因此想象马蒂斯会对他不利。而事实上，当时想要"整垮"马蒂斯的人正是毕加索，他的朋友——以阿波利奈尔为首——借用政府呼吁戒酒的口号，在蒙马特的墙壁上四处乱画：**马蒂斯让人发疯！马蒂斯比战争更有害！马蒂斯比酒精更危险！**

不论马蒂斯说了什么，或者没说什么，他看到《亚威农少女》时一定非常震惊。这幅画直接攻击了他一直以来坚持的价值观——同时动摇了他试图建立起的画坛领袖地位。 让他感到非常不安的至少有三个理由：这幅画是对塞尚的全新认识；它是对非洲艺术的一次创造性解读，这一点比他走得更远；还有，它充满了暴力与激情。 在创作《生之喜悦》和《蓝色裸体》时，马蒂斯感觉自己在表现极端丑陋方面已经接近了尽头，他的本性和心中的不安让他无法更进一步。 而毕加索在《亚威农少女》中试图表现的情绪让马蒂斯感到害怕。 当马蒂斯出现这些情绪时，他的处理办法是尽量将之净化——靠这些情绪给自己提供能量，而不是冒险将他们尽情释放。 马蒂斯不得不第一次承认毕加索不是像他那样压抑自己的人——他的对手完全不介意表现得像个罪犯或者不法之徒。

此外，这幅画还触动了公众的敏感神经。 对于有类似经历的马蒂斯，这一点也不陌生。 事实上，公众对新艺术的反感与这种艺术表现真实的能力往往是成正比的。 马蒂斯比谁都更清楚，某一时期最严肃的作品多半会与此时的公众意识相左。 没人在看过《亚威农少女》后会对它无动于衷。 起初人们无法接受这种极端的丑陋，但不久一些艺术家开始对其进行模仿，尽管他们的作品要温顺得多。 毕加索后来对格特鲁德·斯坦说，创新的人因为苦恼不知道会造出什么来，所以"被迫把它画得丑陋"，但是"那些跟风的人只会画出漂亮的东西，因为他们知道自己在画什么，他们画的东西已经被别人画过了"。

*

毕加索不仅创造了一种全新的构图方式，还结合了绘画和文化中的阴暗面——这些阴暗面包括性欲、暴力和对女性的仇视，似乎预示了两性间的激烈斗争以及随之而来的暴力文化的快速扩张。 波德莱尔在他的著名文章《现代生活的画家》中写道，在现代生活中，妓女是"野蛮的最佳表现"，因为"她们的美来自罪恶"。 在波德莱尔看来，妓院是"一个穷人无法想象的地方，一切都笼罩在金色的灯光里，可怕的仙女和洋娃娃身姿摇曳，孩子般的大眼却闪烁着不吉的预兆"。 就是在妓院这种"烟雾缭绕的混乱场合"中，人们才能找到深藏在表象下的真实。

　　《亚威农少女》是一部暗夜作品，不仅画面背景是深夜的城市，表现的题材也是现代文明黑暗的一面——所谓"生之苦难"。 如果说这幅画已经达到了"现代文明"标志的传奇地位，或者说成为了 20 世纪极端暴力的象征，那么一定是因为毕加索将自己的心理焦虑当作了历史和文化恶疾的避雷针。 此时的毕加索已经形成了他最重要的观点之一：世间万物可以无限重组和再次创造。 因此他认为，通过不和谐的画面和摧毁人类固有的形象，画家能够最准确地捕捉新世纪的精神。 而马蒂斯则始终无法用如此激进的手法将毁灭与创造，暴力与现代结合起来。

　　另一位暗夜大师詹姆斯·乔伊斯曾经如此描述这种情况："如果我们想描绘暮色中的人性，那就必须调暗背景……但是那些隐藏的世界或者说潜意识的世界才是最令人激动的。 比起现实，现代作家更关注可能性——那些未知与幻象的世界，而不是已被无数人重复的浪漫主义或者古典主义的领域。"

＊

　　毕加索偏好夜晚，而马蒂斯喜欢白天。 他们一生中大多数时间都维持着这样一种工作模式，这也是他们心理状态的本质写照。 毕加索沉醉于自身的黑暗之中，为谜一般的深渊所着迷；马蒂斯尽管也饱受自身焦虑的煎熬，却极端恐惧深渊，视光明为黑暗的解毒剂。

　　他们日夜不同的工作习惯其实是与现实环境相联系的。 靠感官认识，尤其是色彩绘画的画家一定需要自然光，而靠想象和线条绘画的画家认为黑暗更有利于思考。 毕加索工作时显露出浮士德的一面，他习惯于"把自己长期关在画室里（整晚地工作）"。

　　两种工作方式也暗示两人关注的是不同的生活体验。 白天作画的马蒂斯每天面对真实的世界，总是试图从平凡甚至乏味的日常事物中挖掘出不寻常的内涵。 事实上，他想象力匮乏，所有的视觉想象必须基于真实的事物。 与之相反，毕加索几乎完全依靠想象和记忆来创造，而且不经常使用照片（尽管两人很少提及，但这段时期两位画家确实经常将照片作为绘画主题的来源，并且以照片作为起点，设定重新创造世界的规范）。毕加索具有极强的空间想象能力，很会用图画讲述故事，因此也是个极富才华的插图画家，而马蒂斯却缺乏这种天赋，尽管他也是一位绘画天才。

马蒂斯崇尚简洁，致力于用艺术安抚人心。他常常采用明亮的颜色和装饰性的主题，其实是有意让他的艺术远离其内心的焦虑。以色彩为例，第一次世界大战之前，马蒂斯的画中常常表现出明显的日光，而毕加索的画中光线暗淡，颜色单调，如同笼罩在烛光之下，这其实是从他早期作品中延续下来的特点。在"洗衣船"生活的那段时间里，他总是手持蜡烛给访客们展示他的作品。萨尔蒙和阿波利奈尔第一次见到毕加索时，都是在闪烁的烛光下观看他的画作，当时两人都认为烛光的映照让他的画看起来更加神秘迷人。萨尔蒙回忆道："毕加索画室里到处都堆放着画，有些还高高地挂在墙上，为了给我们看那些画，他点了一支蜡烛，放在离画大约一臂距离的地方……我和阿波利奈尔尽情地评论，而他一言不发，跟着我们的情绪上下起伏。"

在这样的光线下看画，难怪阿波利奈尔会强调画中的神秘感和"像石窟壁画一样暗沉的光线"，这种元素一直在毕加索的作品中得以延续，并成为了他的艺术审美体系中甚为重要的一部分。他立体派风格时期的作品也继承了这一风格，所以即使在正常光线下观看，画面依然看似忽明忽暗，如同映衬在烛光下一般。（两位画家终生延续了这种风格上的反差。马蒂斯1951年的杰作《威尼斯的玫瑰小教堂》完全是沐浴在温暖的阳光中。1952年，毕加索开始为瓦洛里的和平小教堂创作一些作品。他自己曾说："教堂里没什么光，我也不想把教堂搞得灯火通明。让游客们手持蜡烛，沿着四周的墙面观看，就像在史前洞穴里一样，蜡烛闪烁的火焰正好映衬出画中的人物。"）

　　毕加索比其他任何现代艺术家都更痴迷表现性爱和性暴力，他表现得如此全面而直接，以至于世界艺术史上难有第二人能与之匹敌。早年他曾绘制一系列情色作品，往往是妓院和一夜情题材，其中很多画相当粗暴、愤世嫉俗，比如他曾画过一幅妓女给一个胖嫖客口交的作品。不过也有很多较为温和的画作，例如表现情侣做爱的作品。还有一幅很有意思的水彩画，画的是一位女子坐在染有月经血的浴盆前，这是一个相当禁忌的话题，鲜有前人敢于涉及这种题材。他的早期情色作品带有强烈的好奇心，充满了一个青春期孩子对女性隐私部位的幻想。最引人注意的是他对细节的描绘，他对女性阴道和女性大腿的线条的细致描绘有种特殊的偏好。如果说他的作品中隐藏着浮士德情结，那么另一种情结可以称为唐璜情结，一种企图占有每一个女人的欲望。也许有人会说这是对爱难以满足的欲望，但也是一种渴望看到、经历和解读女性秘密的欲望。毕加索的这种情结如此之深，以至于马克斯·雅克布认为毕加索更想成为唐璜而不是一个伟大的艺术家。当然这么说有些夸张，但是他确实说出了一个事实。而且唐璜情结确实也是一个很复杂的概念——尤其是在 20 世纪，这个精神交流与世俗之爱的界限越来越模糊的年代，一个性爱成为准宗教崇拜的年代。在这种背景下，唐璜甚至可以不再被看作"亵渎爱情的人，而是世俗之爱的英雄"。

*

　　在这方面，毕加索与吉约姆·阿波利奈尔有许多共通之处。阿波利奈尔对物质和性爱的欲望强烈，是个有名的好色之徒、施虐狂，尤其嗜好鞭挞。阿波利奈尔可以称得上是同时代最好的诗人，也是一位极有影响力的艺术评论家，而且在毕加索和马蒂斯的命运中扮演了非常重要的角色。事实上，他对两位艺术家的评价——尤其是对毕加索的偏爱——对二人声誉的建立有着深刻的影响。

　　和毕加索一样，阿波利奈尔也是外乡人，比毕加索早一年出生于罗马，是波兰女冒险家安捷莉卡·科斯特洛维茨基的私生子，她喜欢别人称她为伯爵夫人。

1901 年，他给自己起了一个带有法国风味的名字威廉·阿波利奈尔·德·科斯特洛维茨基，并开始定期撰写文学和艺术评论。 阿波利奈尔深爱毕加索，自从第一次见面开始，他几乎每天都会跑到毕加索的画室。 尽管阿波利奈尔 5 英尺 5 英寸的身高不比毕加索高多少（毕加索身高 5 英尺 2 英寸），但是他大大的梨形脑袋让他看起来比毕加索高出不少。 据当时的资料显示，他确实给人一种身形高大壮实的印象。

阿波利奈尔与毕加索彼此欣赏，互相吸引，这种亲密的关系在阿波利奈尔为毕加索所写的头几篇评论中就表现得非常明显了。 这些评论是为 1905 年毕加索在塞鲁西耶画廊举办的画展所写，尽管画展只进行了几个星期，阿波利奈尔却为他写了两次评论，而这个时候他们才认识几周时间而已。 第一篇评论中，阿波利奈尔声称毕加索"无可比拟的天赋使其笔下的世界既美好又可怕，既粗劣又精致"。 这种似是而非的矛盾对立，游走于自然主义和神秘主义之间，徘徊在罪恶与虔诚的两极，贯穿了阿波利奈尔的这篇短文——既反映了他所欣赏的毕加索的特质，也是他个人写作风格的写照。

毕加索与阿波利奈尔有着共同的艺术理想，有时还彼此启发对方的创作灵感。 毕加索是《被刺的诗人》中主角的原型，这本书和他的散文故事类似，阿波利奈尔的措辞一会儿严肃一会儿讽刺，这种风格的跳跃与毕加索的作品有许多共通之处。 书中的情节也带有很强的自传性质，比如书名中提到的那个诗人克罗利亚芒塔尔，显然就是阿波利奈尔的替身，而书中描述的他第一次参观蒙马特画室的场景，写的就是阿波利奈尔第一次到访"洗衣船"时的情形——也就是 1905 年初他与毕加索的初次见面。

在第二篇关于毕加索的文章中，阿波利奈尔开始对他和他的工作热情地歌颂，还把画家的眼睛比作"凝视着太阳的花朵"。 在《被刺的诗人》中，阿波利奈尔也用类似的措辞描述了自己："我是克罗利亚芒塔尔，在世的最伟大的诗人。 我曾直面上帝，经受了神圣力量的考验，我凡人的双眼得到了神的眷顾，我已得永生。"

*

阿波利奈尔与马蒂斯的关系则完全是另一番景象。 两人相差十一岁；马蒂斯的早期作品画面迷人，但不具备文学内涵，而阿波利奈尔当时对艺术的评论基本上都是从文学角度出发。 阿波利奈尔是由诗人及哲学家梅西斯拉·戈尔贝格引荐给马蒂斯的。 戈尔贝格对 20 世纪早期的先锋艺术发展有很大的影响力，他的观点后来被阿波利奈尔盗用，这也使得马蒂斯与阿波利奈尔的关系有些微妙。 1907年，戈尔贝格安排阿波利奈尔采访马蒂斯，为他编写的书《梅西斯拉·戈尔贝格手册》写一篇文章。 但是阿波利奈尔有些不情愿，这极有可能是因为马蒂斯与毕加索的竞争正趋于白热化。 当时已是肺结核晚期的戈尔贝格催促阿波利奈尔尽早完成，但是这篇文章直到戈尔贝尔去世也没出版，最终还登在了另一本杂志上。尽管文章是支持马蒂斯的，但是显然缺乏热情，文中充斥着采访中马蒂斯所说的原话，而阿波利奈尔的声音尽量保持中立。 文中倒是有一处态度倾斜的引文，来自马蒂斯对与毕加索竞争的评价："我从不刻意避免其他人对我的影响，我会把这种躲避看作一种懦弱，是对自己缺乏诚意。 我认为艺术家性格的发展和成形必须通过与其他性格的人竞争来实现，如果这场战斗必须有一方倒下，而失败的一方是我的话，那么一定是命中注定的。"

在接下来的几年里，阿波利奈尔一直将马蒂斯置于毕加索之下，常常把毕加索描述成现代绘画艺术最有创意、最重要的人物。 立体主义时期，阿波利奈尔经常夸大两位画家的对立，错误地把"立体主义"当作是马蒂斯对毕加索不屑一顾的评价。 阿波利奈尔乐于嘲笑马蒂斯，常常把他的严谨呆板和毕加索的天马行空拿来做比较："书呆子马蒂斯画起画来总是严肃谨慎，好像有成百上千个俄国人和柏林人正在监督他一样。"但是面对世俗之人对马蒂斯的攻击，他又会为其辩护，并且是马蒂斯最始终如一的捍卫者。 马蒂斯虽然对阿波利奈尔的举止行为不甚赞同，但也不得不感谢他的支持。 当他在 1910 年秋天展出《舞蹈》和《音乐》时，阿波利奈尔是唯一支持他的评论家，因此马蒂斯在给一位朋友的信中写道："我只有一位捍卫者，但是他总是让我觉得讨厌，所以我还不如喜欢上一个敌人。 我说的这个人就是阿波利奈尔。"

毕加索和阿波利奈尔对有违社会伦理的性爱有着共同的爱好——这种暴力的、有性虐倾向的画面常常出现在毕加索的作品中。 毕加索特别钟爱阿波利奈尔 1907 年问世的情色小说《一万一千鞭》（这本书的书名有多重含义："鞭"既是用来鞭打的桦条，也是用来指男性阴茎的俚语，而且在法语里它的发音近似"处女"）。 书中的主要人物莫尼·维伯斯库嗜好疯狂的性爱行为，例如鞭笞和虐待，尤其是肛交。 整本书就是一场接一场的性交和鞭打，充斥着污言秽语和粗俗的双关语。 阿波利奈尔送给了毕加索一本，外加一首打趣的七行藏头诗，每行的第一个字母组合起来就是毕加索的名字。 这首诗总结了维伯斯库惊人的性能力（"他的阴茎随时准备派上用场"）。 在最后一行，他取笑毕加索道："噢，巴勃罗有一天会比他更棒。"据说毕加索（后来坚称他的情人们会为了取悦他而阅读《萨德伯爵》）认为这本书是阿波利奈尔的杰作，其中的一些思想也被用在毕加索自己创作于 1947 年的剧本《抓住欲望的尾巴》中。

阿波利奈尔的另一部情色杰作《小唐璜情史》发生在一所乡间大宅里，主人公是一个十三岁的男孩罗杰，书中和他做爱的人包括他的两个姐姐和阿姨，还有家中的多个佣人。 这本书的基调与充满了粗暴语言的《一万一千鞭》不同，它以一个男孩的性觉醒为主要框架，笔触温柔地描述了男孩探索性爱时激动兴奋的心情。 书中写道，罗杰贪婪地盯着十四岁的姐姐贝丝摔倒时露出的私处，"我看到她小腹和大腿之间的地方，那里是一块三角形隆起的部位，我还能看到上面有几根金色的毛。 这块隆起的地方中间有一条裂缝，大约一英寸宽，两边各有一片嘴唇……这时候，她的裂缝是张开的，我能看到里面鲜红的肉"。

这种基于事实的好奇心和青少年的性欲望让人想到毕加索早期的一些情色作品——尤其是《雷蒙德的画像》（图 4.1）。 雷蒙德是1907 年春天毕加索和费尔南德收养的十三岁女孩。 在这幅画中，雷蒙德双腿张开坐在椅子上，就像阿波利奈尔描述的那样露出阴部，既天真无邪又充满诱惑。 女孩穿裤子的时候，费尔南德注意到了雷蒙德对毕加索的吸引，于是让他离开房间——巧合的是，罗杰的家人在试图控制他日益膨胀的性欲时也是这么做的，

图 4.1　毕加索，《雷蒙德的画像》，1907 年。22 厘米×17 厘米

不过显然这么做只是徒劳。 阿波利奈尔的书混合了真实的性欲描写和骇人的讽刺，这些互相矛盾的特质也出现在毕加索的多幅作品中。

尽管马蒂斯与毕加索暗自较劲，他们表面上看来还是非常友好热情的。 1907年底，他们决定交换彼此的作品。 这次交换在毕加索的画室进行，这时《亚威农少女》和还处于创作初期阶段的《三个女人》就靠在墙边。 毕加索的死党——阿波利奈尔、雅各布和萨尔蒙——参加了这次交换，一同出席的还有当时还属于野兽派的画家弗拉芒克和布拉克。 毕加索整晚都表现得紧张而且安静，马蒂斯则是坐立不安、举止僵硬。 毕加索的朋友把马蒂斯的僵硬解释为傲慢的表现，而且在他离开以后拿他大开玩笑。

尽管那晚的气氛极不和谐，尽管格特鲁德·斯坦后来声称两人为了贬低对方都选择了对方最差的画之一——也许她是道听途说——但事实上他们的选择相当有意思而且出人意料。 毕加索选择了马蒂斯的《玛格丽特的画像》，画的是他十

三岁的女儿，构图平面，形象充满了童稚，画面的左上方歪歪扭扭地写着她的名字，看似故意模仿孩子的笔迹。 后来毕加索说，他之所以选择这幅画，是因为马蒂斯捕捉到了儿童绘画那种直接、原始的特质，而且他认为这是马蒂斯"非常重要的作品"。 事实上，此时的毕加索正在试图控制他过于精致的画法，因此他非常欣赏马蒂斯简洁直接的风格。 马蒂斯的选择也相当有意思。 他选了毕加索的一幅静物画《水罐、碗和柠檬》，这幅画和《亚威农少女》完成于同一时期。 画中大胆的构图是基于醒目的视觉呼应，例如柠檬与柠檬形状的碗口即呈现相互呼应之势。 在这幅画中，毕加索表现现实物体的手法与马蒂斯完全不同，这一点一定让马蒂斯深受震撼。 马蒂斯画中物体的变形似乎是受其内部力量的驱使，而毕加索笔下的物体则似乎是因为受到外部力量的影响而扭曲。 这也显示了二人的一个不同之处：马蒂斯偏向自然状态的创作，而毕加索则倾向更加构建主义的构图。

*

　　如果说这次换画引起了任何不愉快的话，那也与两位画家的选择无关。 换画事件之后不久，有流言传出毕加索的朋友以向马蒂斯的画丢玩具飞镖为乐。 据安德烈·萨尔蒙所说，丢飞镖确有其事，不过为了不损害那幅画，他们用的是带有吸盘的玩具飞镖。 "'嗖地一下！ 一次瞄准玛格丽特的眼睛！'，'一下打中她的脸颊！'，我们玩得开心极了！"尽管丢飞镖活动可能只是杜撰的，就算确有其事，也没能持续很久，因为画上没有留下任何痕迹，但是流言对两位画家关系的影响却是长期的；毕加索后来甚至对此事件表示过抱歉。 就是从这段时间开始，毕加索的朋友们开始了涂鸦运动，并且发现马蒂斯对公众的批评非常敏感。

*

　　第二年年初，马蒂斯开办了一家主要针对外国人的艺术学校，毕加索的朋友们因此有了更多的理由来嘲笑马蒂斯。 （这件事在法国报纸上也成为了一次话题事件。）开办学校的想法似乎是来自莎拉·斯坦和一位名叫汉斯·普尔曼的德国年轻艺术家。 他们认为由马蒂斯对他们进行批评指导是一件很有益处的事。 里奥·斯坦此时依然怀揣着成为一名画家的梦想，因此也成为了这所学校最早的一批学生之一。

马蒂斯的新职位以及被公认为先锋艺术领军人物的地位却让格特鲁德·斯坦心生反感。 她开始称他为"亲爱的校长"，有时简称为"C.M."（法语 cher maître 的缩写），而且他们的关系也大幅降温。 用斯坦自己的话来说，马蒂斯对毕加索和她的亲密关系有些恼火。 有一次，他暗示格特鲁德已经对他的作品失去了兴趣，她对他说，"你心中没有什么矛盾挣扎的东西。 你曾出于本能激起别人对你的敌视，这样你就能反抗，但是现在别人都在跟着你。"按她所说，她对马蒂斯的"令人难以忍受的自负"感到厌烦，"对于自己知道的事情，他表现得非常坚持，完全是顽固不化"。 但事实上，真正让她感到厌烦的是马蒂斯自认为无所不知的行为，这一点和里奥非常相似，还有他像封建领主一样的自信，这一点又像极了她的父亲。 马蒂斯开办学校的时候，爱丽丝·托克拉斯进入了格特鲁德的生活，因此这时她对想要把她们分开的权威人物越来越没有耐心，而毕加索虽然既大男子主义又狂妄自大，但他从来不把自己当作权威人物，也从来无心说教和解释。

*

尽管《亚威农少女》是毕加索最具争议的作品，但是对马蒂斯来说，《三个女人》（图 4.2）才是对他的直接挑战。 他也意识到，《亚威农少女》以及一些相关的小型作品只是打破了传统绘画的模式，但是还不能为一种新类型创造坚实的基础。 像野兽派一样，这些作品里的力量无法长久地延续下去。 马蒂斯在毕加索画室里看到的《三个女人》的最初版本完全是另一番景象，带有强烈的塞尚风

图 4.2　毕加索，《三个女人》，1908 年。
200 厘米×178 厘米

格。 画的主题和风格，三个人物的背景设置，人物精心调整的姿势和平面的构图，感觉就像马蒂斯自己的作品。 这幅画隐藏的主题也是马蒂斯在过去几年里潜心研究的：画的过程——事物形成的过程——比稳定的结果更重要。 《三个女人》的人物采用向外螺旋扩展的构图方式，三个人物看起来好像从土里钻出来，突然出现在观看者眼前。 这幅画比马蒂斯此类题材的作品——例如《生之喜悦》和《奢华》——更接近事物最原始的状态，也是对非洲艺术的一次带有挑战意味的借鉴。

　　《三个女人》采用了叠瓦式的人物构图，这种题材曾被马蒂斯用在野兽派的作品中，例如《海边的和服女人》（图 1.2）。 马蒂斯的作品中人物和背景的界限模糊，完全基于视觉的感知，而毕加索采用了一种更加明显的象征语言。 马蒂斯在过去几年中也对这种方法有所涉及，尤其用于表现神话主题的作品。 毕加索的《三个女人》似乎结合了"三女神"这样的标准神话主题和更广泛的"世界起源"意象。 这种直指原始主义中心的意象在过去一年多来一直困扰着两位艺术家以及他们的同行德汉、弗拉芒克和布拉克等人。

　　作为对《三个女人》的回应，马蒂斯创作了《浴者与乌龟》（图 4.3）。 在与《三个女人》大小完全一样的画布上画着三个人物，分别采用蹲、坐、站三种姿

图 4.3　马蒂斯，《浴者与乌龟》，1908 年。 179.1 厘米×220.3 厘米

势，暗示了人类意识觉醒的不同阶段。 不过在这幅画上，马蒂斯拒绝使用毕加索
式的立体构图——也是塞尚晚期的风格——而是采用平面、简单的造型，坚持了简
洁的风格，这一点正好与毕加索越来越偏好的分裂式构图相对立，而且与马蒂斯
自己过去三年来鲜艳亮丽的风格也相去甚远。 事实上，马蒂斯开始创作这幅画之
前，曾前往意大利研究文艺复兴早期的壁画。 清晰简洁但意味深沉、色彩简单但
搭配和谐的《浴者与乌龟》无疑表达了马蒂斯对乔托的深深敬意。

《浴者与乌龟》是马蒂斯最令人困惑的作品之一。 画中的人物不是传统意义
上的"浴者"，而更像是地球尽头某处原始之地的生灵。 绘画的粗糙感以及中间
人物脸部的特征更加增强了这种感觉——乌龟的出现具有同样的效果。 作为一种
原始生物，乌龟本身也象征性与土地，在原始文明中，它常常与生命力、生殖力

以及生命形态的变化相联系。 画中三个人物对乌龟的关注，还有乌龟本身的活力和特有的生命力，将观看者的注意力集中到表面的平静与暗藏的凶险之间的对比。

　　尽管这幅画有一定的叙事性，但是却很难说到底发生了什么；人物被刻意地分隔开来，而且很难看出站在中间的女人在做什么。 她的手放在嘴边（姿势很像马蒂斯买下并给毕加索看过的那个刚果人像），但是这个姿势有什么含义呢？ 她是在吃东西、吹口哨、呻吟，还是因为激动而喘气呢？ 为什么她的脸部具有明显的类人猿特征呢？ 她耳朵上的第三只"眼"又有什么意义呢（也许是马蒂斯修改人物造型时留下的痕迹）？ 还有，乌龟到底有什么作用？ （这段时间，毕加索在他的画室里养了一只乌龟，难道马蒂斯指的是这件事？）这幅画就是一个谜，对于研究它的人来说，问题只会越来越多。 有人曾经尝试用一些神话主题来诠释这幅画，但最终还是难以令人完全满意。 虽然它确实让人联想到一些神话故事的模式，但是如果企图将某一特定的故事完全套用于该作品，则是不可能之事，因此观看它的人必须自己创作其中的"意义"，从而再次将绘画与文学分隔开来——这也是现代绘画的基本信条之一。

　　毕加索先于马蒂斯开始创作《三个女人》，但是马蒂斯完成《浴者与乌龟》后很久，毕加索才完成他的作品。 最终版本的《三个女人》已经不怎么像塞尚的风格了。 这幅画也暗示了人类的进化，但是表现的方式与马蒂斯完全不同。 画面的色彩内敛，接近大地色，形式类似雕塑，几乎就是一副浅浮雕，而且女性的各个部位也很难辨认；类似的形式在这幅画中多次反复，而且观看者可以根据相对位置的不同做出多种解释。 比《浴者与乌龟》更明显的是画的主题，画中的女人从土里冒出来，象征了一种变化。 事实上，这些女人就是泥土。 对于平面位置的调整、化零为整的构图方式以及色彩与人物质感的和谐统一都是迈向立体主义的重要步伐。

马蒂斯完成《浴者与乌龟》后正好赶上独立沙龙举办画展，但他决定不在那里展出，这也是他六年来第一次不送作品参展。 与毕加索的竞争似乎是促使他这么做的重要原因。 由于毕加索从不送画参展，马蒂斯也就无法与他在这个竞技场上正面交锋。 到 1908 年春天，德汉和布拉克已被毕加索感召，按格特鲁德·斯坦的话来说，从马蒂斯党变成了毕加索党——以至于当"已经被毕加索近期作品征服的"德汉和布拉克"展示他们自己的画时"，如同看毕加索本人的作品一般。对马蒂斯而言，和二流的对手竞争，而真正的敌人却隐藏在视线之外，只能是浪费精力。 此外，卡尔·奥斯特豪斯表示有兴趣为他在埃森的弗尔科旺博物馆购买这幅作品，因此，马蒂斯不能冒险让这幅画遭受负面评价的攻击。 里奥和格特鲁德·斯坦本来也表示有意购买该画，但是后来他们却以没有足够收藏空间为由放弃了购买计划。 让马蒂斯分外难堪的是他们后来买下《三个女人》（正好呼应了格特鲁德出版的第一本书《三种生活》）——画的大小和《浴者与乌龟》一模一样。 鉴于斯坦兄妹见证了两位画家的风格变迁，这次的选择无疑非常清楚地表明了他们的偏好。

*

简言之，我们可以说毕加索正在向分裂式的风格发展，而马蒂斯则越来越简洁。 1908 年的马蒂斯依然在研究塞尚的风格，因此他一定非常困惑为什么率先由他发展的分裂风格却在毕加索的笔下大放光彩。 这种新塞尚主义在法国画坛刮起了一阵新风，它推崇几何多角图案，与马蒂斯所欣赏的塞尚风格迥异。 马蒂斯后来将他所欣赏的塞尚描述为"一种力量，一曲阿拉伯纹饰与色调的合唱"。 参与到新塞尚主义大潮中的画家们开始尝试重新定义绘画美学，因此德汉和布拉克也开始以"三女神"为主题创造——这是古典主义美学的象征——并且想方设法对其"丑化"，以此强调他们对美进行重新解构的深度。 这种策略奏效了：美国作家吉利特·伯吉斯把他们的画称为"一个全新的世界，一个丑陋的世界"。

*

　　接下来的几年里，毕加索继续着这种尚未命名的风格，用醒目的几何图案和所谓的"客观"绘画语言来诠释真实。 这种对塞尚风格的朴素延伸与马蒂斯所推崇的表现主义主观性形成了鲜明的对比。 随着毕加索在塞尚这块领域中越走越深，马蒂斯似乎逐渐转向了凡·高与高更的风格，而且他发现了一种新的处理流动性与动态性的方法。

　　马蒂斯的新方向就是装饰性。 1908 年的大多数时间里，当毕加索在分裂性和重新解构的道路上探索的时候，马蒂斯继续平面的绘画形式，并试图探寻绘画本身的模糊性，特别是如何表现画面空间的无限性以及如何将传统的背景变得比人物更重要。 马蒂斯自小就对纺织品很感兴趣，而且他一向善于捕捉装饰性花纹的象征意义——例如，凡·高为鲁林夫人所画的肖像画《摇篮曲》中，围绕着女人的花朵纹饰象征了她旺盛的活力和生殖力。 马蒂斯对装饰性图案的使用使他不仅能含蓄地表达情感，还能保持画面的张力。 这种风格的画面呈现出开放的空间感，而且可以融入各种充满想象力的视觉呼应符号，以此唤起人们的各种感官感受，这种流动且开放的空间使得马蒂斯笔下的日常事物也被赋予了灵性。

*

　　马蒂斯为 1908 年的秋天沙龙计划了一次盛大的画展，希望就此将自己的名字与现代艺术大师安格尔、马奈、高更以及塞尚相提并论，从而从根本上巩固他巴黎先锋艺术领军人物的地位。 在这次沙龙画展前，布拉克也提交了一些他在埃斯塔克创作的风景画（塞尚也曾在那里作画），当时担任评审委员的马蒂斯对他那些像毕加索一样的几何图案和单调色彩感到很恼火。 据说马蒂斯一边看画，一边小声抱怨，"都是些立方体，小方块，"他利用自己的影响力拒绝了布拉克的三幅画。·一气之下，布拉克撤出了所有画，转而在卡恩维莱的画廊中展出。 （因为这次事件，很多人错误地认为是由马蒂斯第一次提出"立体主义"这个词。）阿波利奈尔加入了支持布拉克的阵营。他写道，布拉克"正在发起一场绘画界的文艺复兴"，他的每幅作品都是"一个自成一派的世界"。他的这些文字不仅强调了先锋艺术界早已承认的事实，而且也用极端的表达积极回应了这种形式偏激的作品。

考虑到马蒂斯对整个先锋画派——尤其是对塞尚追随者——的感情，我们不禁会问为什么他会如此排斥 1908 年这批布拉克向塞尚致敬的风景画。以下三个原因大概可以解释他这一做法：首先，布拉克的作品不仅有别于印象主义和自然主义，而且也与野兽派提倡的个人表现方式大相径庭；其次，这些画显然深受毕加索近期作品的影响；最重要的是，马蒂斯认为布拉克的画是对塞尚粗鲁的故意曲解。多年来，马蒂斯自认为是解读塞尚的权威，而布拉克的画无疑是在向他叫板。尽管马蒂斯认为没人比他更了解塞尚，但他对塞尚元素的应用总是小心翼翼，充满了敬意。对马蒂斯而言，最重要的就是不要"误读"塞尚，一定要沿着这位前辈的脚步前进。在他的想象中，塞尚也会这么做。于是一场持续几年的战斗便围绕着如何解读塞尚而展开了。

*

作为秋天沙龙最重量级的作品，马蒂斯展出了《红色的和谐》（图 4.4）。受谢尔盖·希丘金委托，马蒂斯为他莫斯科住所的餐厅创作了这幅画。这幅大型作品与毕加索和布拉克等人的风格完全相反——构图平面、色彩艳丽、装饰性极强。不同于《浴者与乌龟》里神秘而原始的背景，这幅画的场景放在了现实的日常生活中，设置在一张准备甜食的餐桌前，让人不禁感叹最美好的体验往往来自于最平凡的生活。

画中的场景似乎存在于想象和现实之间，可见和不可见的物品互动融合，色彩取代了自然光，画面的构图完全是平面的，画中的物品如同飘浮在空中一般，既不能判断观看的视角，也不能确定场景发生的时间。这种有意为之的模糊性尤其体现在窗户的功能上，它既可以看作是窗外的真实景色，也可以看作是一幅

图 4.4　马蒂斯，《红色的和谐》，1908 年。 180 厘米 × 220 厘米

画，画中果树枝头鲜花盛放，春意融融。 与窗外相对真实的鲜花相比，室内的花朵图案充满了动感，真实和装饰用的鲜花与水果布满了餐桌和墙壁，呈现出阿拉伯式的线条纹饰。 因此，红色房间内流动的能量象征着室外绿色春天的生命力，画中的女人显然代表了女性的生命力，能量从她的手中缓缓流出，催生了万物的生长。 画中屋内的场景仿佛是屋外景色符号化的演变：阿拉伯纹饰代表大自然的生命活力，象征生长与能量。 马蒂斯将原本类型化的题材转变为对时间与变化的冥想。

《红色的和谐》是马蒂斯将感官画面转化为象征性集合的代表作。 他曾在1908 年 11 月底发表的文章《画家笔记》中讨论过这种转化的过程，他写道："在时间流逝，万物变化的表象下，我们能够找到一种更加真实、更加本质的特性，画家如能将其把握，就能将现实赋予更为永恒的诠释。"这篇文章还被翻译成德语，对后人研究现代绘画产生了巨大的影响。它不仅使马蒂斯成为新艺术最重要的行动者，也使他成为这一领域最重要的代言人。在文中，马蒂斯维护了艺术的主观性，并认为艺术是个人思想表达的形式："我无法区分我对生活的感受和我诠释生活的方式。"

马蒂斯还在文中写下了一段困扰他一生的文字。他在写这段话的时候一定是考虑到了他的画商朋友伊万·莫罗索夫和谢尔盖·希丘金。他写道："我所梦想的是一种平衡、纯洁且宁静的艺术，远离忧愁与困扰，这种艺术为每一位思想者而作，既为商人而作，也为学者而作，它能舒缓心灵的压力，就像一张舒适的扶手椅能为人们消除疲劳一样。"由于这个比喻，他不幸地被许多人称为"扶手椅画家"，魅力十足但流于表面，这一评价正好与常常令人困扰的毕加索截然相反。

V.

重构现实

马蒂斯——色彩。毕加索——形式。二人殊途同归。

——瓦西里·康定斯基

谢尔盖·希丘金的支持对两位画家而言都极为重要，他从 1906 年开始买入马蒂斯的画，并且在里奥和格特鲁德不再购入其作品后成为马蒂斯的主要资助人。马蒂斯将毕加索介绍给希丘金后，这位俄国人也成为了毕加索最狂热的买家之一。对希丘金来说，两位画家在他的精神生活上起到了互补的作用。希丘金一直以来将马蒂斯当作灵魂伙伴，其作品总能为他带来心灵上的慰藉，尤其是在妻子去世、两个儿子和一个兄弟自杀这样一系列的人生剧变之时。而希丘金认为毕加索的画为他分担了另一种黑暗的精神力量，他说这些画让他想到了教堂，为他带来另一种心灵上的安慰。

希丘金的资助为两位画家提供了重要的经济来源。到 1909 年秋天，二人都有了足够的财力搬到更加舒适的住所。出售大型作品《舞蹈》和《音乐》的收入不仅为马蒂斯带来足够的经济保障，而且也让他意识到原来的画室太小，因此他搬到了巴黎西南的一所大房子里。在那里，他修建了一间量身定制的画室，在宽敞的庭院里种满鲜花，过上了宁静的郊区生活。大约同一时期，毕加索也从"洗衣船"搬到了克里希大街的一所宽敞的布尔乔亚式公寓里。公寓内通电通暖气，一

日三餐还有穿着白色围裙的女佣服侍。 曾经有一段时间，毕加索和费尔南德每周
日下午在这里招待马蒂斯一家人，每周五则去马蒂斯家做客，每周六一同前往斯
坦家在福勒吕大街上的沙龙聚会。 不过毕加索很快对这种惯例失去了耐心。 几
个月后，周日下午的聚会就越来越少了。

　　里奥和格特鲁德之间的关系也发生了改变。 这对曾被人们看作巴黎最快乐的
组合如今既称不上组合，也不再快乐了。 1907 年 9 月，格特鲁德的人生伴侣爱丽
丝·托克拉斯闯入了他们的生活，并且在第二年搬到了他们的公寓。 当初来到巴
黎时，里奥被人们看作这家人中最有天赋的一个，但几年来他在写作和绘画方面
的发展并不顺利，因此脾气变得越来越固执粗暴，而且对格特鲁德日益增长的自
信感到厌烦。 格特鲁德对立体主义充满了热情，但里奥却认为她的作品和立体主
义都是"猪食"。 斯坦家早期的收藏主要是由里奥主导的，但现在主管收藏的人
变成了格特鲁德，正是格特鲁德买下了一幅毕加索的奥尔塔风景画，这是他 1909
年夏末在西班牙山间小镇度假时创作的一幅极具几何性和支离性的作品。 坚持购
买毕加索作品的人也是格特鲁德，并一直持续到战前。 1910 年，里奥与格特鲁德
分割了他们的藏品，里奥保留了马蒂斯的作品，而格特鲁德拿走了毕加索的作
品。 这次分割反映了一个更为普遍的看法，也是当时人们普遍持有的观点，那就
是马蒂斯与毕加索的作品在艺术上是无法兼容的两种风格。 同年 12 月，萨尔蒙
在为毕加索在沃拉尔德举办的画展撰写评论时说道："有些艺术爱好者既爱马蒂
斯，也爱毕加索，我们必须对这些快乐的人报以同情。"这种两极分化反映了理
性与感性两种不同艺术见解的分歧，这种分歧在两位画家的一生中也曾反复出
现——甚至在两人的艺术成就都被广泛认可后这一现象依然存在。

*

　　这一时期，马蒂斯与毕加索为现代绘画艺术贡献了大量的新鲜词汇。 当时有
一群数量不断增加的法国画家，他们认为艺术不必模仿自然，而应传达艺术家的

思想——用马拉美的名言来说就是"画的不是事物,而是它所产生的影响"。 马蒂斯与毕加索,以及布拉克,是这群人中最具原创精神的人。

马蒂斯与毕加索的本质目标在许多方面都是相似的。 两人都试图将画与画面所呈现的东西独立开来,并致力于表现精神世界而非真实的物质世界。 但 1909 年前,他们走的是不同的道路。 这种区别被一些想当然的艺术家和评论家夸大了,把两人看作两种截然相反、本质相异的画派。 马蒂斯在野兽派已经被人逐渐遗忘后依然继续着野兽派的自发性;毕加索则被认为在开拓立体主义的新领域。 当"立体主义"这个词被首次使用时,夏尔·莫里斯为 1909 年的独立沙龙撰写了一篇评论,在文中他将当时的画坛焦点总结为一种两极并存的状态:一极是过度,甚至毫无目的的主观主义,而另一极是过于严苛的理论和规则运用。 在接下来的几年中,马蒂斯与毕加索代表了这样相反的两极。

*

1909 年,毕加索与布拉克开始密切合作,并最终促成了立体主义的创立,在接下来的五年中,两人的关系密不可分,以至于布拉克把他们描述成两个绑在一起的登山者。 (男子气概十足的毕加索把布拉克称作"妻子"。)大多数时间里,他们几乎把所有自己的创作都拿给对方看,并且差不多每天都会见上一面。 (毕加索一辈子都需要有人陪伴才能更有效率地工作,而马蒂斯则是个完全独来独往的人。布拉克说他和毕加索讨论的东西和别人讨论不了。 多年后,马蒂斯与毕加索用几乎相同的话评价了对方。)二人的合作将毕加索和布拉克推向了一种极为抽象的高度,他们的画显示出越来越强的网格化的感觉,而且形式的任意性和符号感更强,甚至表现出类似语言学上的含义。 这一时期,索绪尔正在日内瓦大学研究普通语言学课程,他将语言看作一个符号系统,强调符号与其代表的事物之间的关系是任意的,他提出的这一理论在符号学领域掀起了一场革命。

随着毕加索对形式的重视逐渐加深,他的创作题材变得比原来窄。 以前那些情绪激荡的主题让步于更加中性的题材，例如静物、风景和单个人物，表现的手法越来越抽象，而作品的形式则成为了最重要的"主题"。 毕加索和布拉克认为"无名艺术"能够更好地表现普遍真理，并且希望找到一种通用的艺术表现形式。 毕加索后来把他们的合作称作是"一场不带一丝虚情假意或者个人虚荣心的试验"。 在此过程中，毕加索凭借记忆和想象创作的习惯给他带来很大帮助，因为这种方式可以使他避免视觉干扰。 他变得特别沉醉于利用视觉符号制造双关，突出不同表现方式的隐喻特征。 例如，在 1909 年的《扇子女人》中，他强调的是折叠的形式。 1909 年的《酒瓶的静物画》几乎整张画都是由透明的多面体构成，其中碎片感最弱的雕花玻璃酒瓶代表了这张画的整体风格。

　　另一件让毕加索兴趣盎然的事是如何将雕塑的形式表现在平面的画布上，他的想法在《女人与梨》这幅画上得到了完美的体现（图 5.1）。 这幅画是他在 1909 年夏天为费尔南德创作的一幅肖像画，在这幅画中他将女人身体的碎片式分解推到了极致。 类似这一时期的多数作品，这幅画中隐藏的对角网格使得人物的形象沿着裂纹线折叠，给人以强烈的形式感。 当然，费尔南德不会真的长成这个样子，也不能说这幅画是视觉形象的扭曲。 事实上，"扭曲"这个马蒂斯常常使用的词在这幅画中并不适用，而应该说毕加索借用非洲雕塑的特点，实质上对这张脸进行了重塑。 单调的色彩和锐利的多角线条展现了一种全新的看待人性的方法。 这种几何状非人化的表情使画中人物看起来已经不太像人类了。

图 5.1　毕加索，《女人与梨》，1909 年。
92 厘米×73.1 厘米

在立体主义的第一阶段，毕加索对马蒂斯的作品并没有投以太多关注，但马蒂斯一直很留心毕加索和布拉克的一举一动。 立体主义被人们看作是一种完全不同于以往的绘画方式，与马蒂斯的工作相比，它更加彻底地脱离了过去，并且在欧洲迅速传播开来，出现了众多效仿者。 而马蒂斯的装饰画风则常常与女性的浅薄联系在一起，萨尔蒙——也有人认为是他引用毕加索说的话——把马蒂斯的画描述为裁缝对"雪纺绸的品位"。 （多年以后，人们还在传言毕加索说马蒂斯是个做漂亮领带的，或者说他是做"香水手帕"的。）

*

与此同时，马蒂斯也在尝试各种绘画形式的隐喻任意性，但手法不尽相同。他并不使用网格。 尽管有时他也对人物进行分裂，但他这么做只是为了让物体看起来更有力量，而不是将其纳入某种外部的结构中。 由于习惯于根据真实的自然景物作画，他不愿完全脱离对景物的模仿。 尽管 1909 年时他提出一种符号化的"线性脚本"，但他所指的符号通常不是代表具体事物，而是代表视觉感受，各种符号互动共存，形成形式上的和谐。 他这一时期的一大特点就是在表现实体感的同时保持画面的通透感，将虚实两种感觉完美融合。马蒂斯常常将不同风格的东西混搭在一起，但总能找到内在和谐的一面。 在《阿尔及利亚女人》中（图 5.2），他用粗线条勾画出的人物却呈现出梦幻般的感觉，时断时续的线条使女人的袍子表现出不同程度的透明感。 马蒂斯视觉语言的应用甚至还体现在女人身后挂毯上的卷须图案，这种图案通常

图 5.2 马蒂斯，《阿尔及利亚女人》，1909 年。 81 厘米×65 厘米

被认为是女主人公内在生命力的象征。 各种感官和体验的混合是马蒂斯艺术作品的重要特征之一，他的做法不具系统性，因为这些他试图平衡的感官元素本身就拒绝系统化。 因此，这一时期他采用模特创作的作品呈现出各种不同的特征。

马蒂斯绘画风格的前后不一不仅让人迷惑，也让人相当恼火，尤其与毕加索一心一意钻研立体主义相比时，两人的反差更加明显。 1910 年 2 月，马蒂斯的回顾画展在波恩海姆-热纳举办时，他大概早就料到主流媒体会对他投以恶毒的批判，但让他伤心的是，那些一向支持前卫画派的人竟然也对他抱以怀疑的态度。一些评论家认为他在风格上明显缺乏延续性，萨尔蒙写道："亨利·马蒂斯在每个阶段都是自相矛盾的，他是现代艺术家中最没有延续性的一位。"

*

这些评论的影响随着马蒂斯秘密恋情的公开而恶化。 他的外遇对象是一名学生，30 岁的俄罗斯女人奥尔佳·梅森。 一般人认为马蒂斯生命中的女人对他的作品影响不大，但事实并非如此。 尽管马蒂斯不像毕加索那样公开宣称自己的情人是多部作品的灵感之源，但在与奥尔佳交往之初，马蒂斯为"欲望之梦"的主题注入了新的活力。 1907 年，当他创作《蓝色裸体》时，他还创作了一个雕塑版本——《卧式裸体Ⅰ》。 他将这座雕塑画进了一些静物画中，比如《雕塑与波斯花瓶》（图 5.3）。 这是一幅极具感官性的作品，观赏者可以强烈地感受到女人身体曲线与花瓶曲线之间的对话。 花瓶的瓶嘴与女人抬起的手臂和大腿的曲线相互呼应，形如穿透身体的阴茎。 花是马蒂斯喜爱使用的隐喻，瓶中花似乎由画中本无生命的物体孕育而成。

另一幅不同寻常的作品是马蒂斯创作于 1908 年底 1909 年初的《仙女与好色徒》，画中描绘的场景是一个手掌巨大的好色徒扑向一位睡梦中的仙女，过于赤裸的性暴力主题招致了人们的谴责。 事实上，对马蒂斯来说这个主题是很不寻常的——后来毕加索也常常用到这个主题。 画中的女人皮肤白皙，微微泛着红色，显

图 5.3   马蒂斯，《雕塑与波斯花瓶》，1908 年。 60.5 厘米×73.5 厘米

图 5.4   马蒂斯，《仙女与好色徒》，1908～1909 年。 89 厘米×117 厘米

然暗指奥尔佳。 在马蒂斯的画中，这种女性形象是不常见的。 希丘金对画中的原始情愫情有独钟。 马蒂斯开始与奥尔佳交往时，这位俄国收藏家是他的主要买家，奥尔佳的出现也许带给马蒂斯一些启发，促使他尝试更为显著的"俄罗斯"风情——例如在《红色和谐》、《音乐》和《舞蹈》中使用的大片红色。 马蒂斯画中那些大胆的尝试无疑与他和奥尔佳的恋情有关。 这个女人不仅也是画家，而且来自于一个收藏了他多部作品的国家。

图 5.5　毕加索，《弹曼陀林的姑娘（范妮·特列尔）》，1910 年。 100.3 厘米×73.6 厘米

1910 年到 1912 年间，毕加索的创作主题越来越脱离实体，这一变化在 1910 年的《弹曼陀林的姑娘（范妮·特列尔）》（图 5.5）中表现明显。 画中左侧呈现更强的雕塑感，女子的身体与左边背景明显分离，而与右侧背景则结合的较为紧密。 事实上，左边部分是延续了 1909 年的雕塑风格，而右侧更为抽象的风格则是他在接下来的两年中探索的新方向。 他在这幅画上花了很多时间，而且和《亚威农少女》一样，他原本也一直认为这幅画是未完成的，但是与《亚威农少女》不一样的是，几年后，他最终还是在这幅画上署名。 这幅画是从《格特鲁德肖像画》开始的一系列作品中的一件，在这些画中，风格的一致性和完成感被重新定义——在一幅画中使用多种风格和手法成为了画家表达思想的重要手法。

透明感和分裂感的顶峰出现在毕加索和布拉克从 1911 年夏到 1912 年春创作的一系列作品中。 毕加索最诡异的作品之一，也是将他推到抽象画最前沿的作品，

图 5.6　毕加索，《我的女人》（《拿齐特琴或吉他的女人》），1911 年。　100 厘米×65.4 厘米

就是创作于 1911 年夏天的《我的女人》（图 5.6）。 尽管毕加索声称这幅画描绘了"一个坐在扶手椅上的女子，手持齐特琴和一页写着'我的女人'的琴谱"，但事实上，画中的女人难以辨认，乐谱也是模糊不清。 物体的清晰程度由较为容易辨认的其他物体衬托，比如女人的胸部、衣服的领子和右边的椅子扶手。 毕加索将这种模糊的表现形式称为增加所谓的"特质"。 他解释说这个概念就像作家用形容词描绘某个主题一样，"但是动词加上主语就能描述整幅画了，而'特质'只是几个参照点，只用寥寥几个就能产生视觉上的真实感，每个人都能认出来，而真实的画面就隐藏在它们后面"。 他说这样的画乍看之下好像"要在烟雾中爆炸"，但是他进一步解释说，"画烟雾的时候，我希望你能在烟雾里打入一颗钉子，这样我就能加入一些'特质'——例如眼睛、波浪般的头发、耳垂或者是紧扣的双手。"他还说道，就像写一篇艰深的哲学文章，画家要将熟悉的元素用陌生的新方法表现，这样才能引起观看者的兴趣，把他们的注意力吸引到画上来，然后"他们会尝试努力理解，并且开始意识到之前未曾明白的东西，从而提升自己的理解力"。

　　《我的女人》是一个很极端的例子，画中关于这个女人最具体的信息就是"我的女人"（Ma Jolie）这几个字，来自于一首流行歌曲的副歌部分。 我们必须无条件地相信，才能看到女人的美、画家对她的爱恋，甚至她女性的身份，因为我们根本无法看清画中的女人。 人们常说，一画值千字，但是这幅画中字的意义甚至超出了画面。 "我的女人"成了一个谜，让人猜测这些符号到底代表什么，什么符号更加重要。 这幅画徘徊在抽象艺术的前沿，给整个视觉表现领域提出了许多疑问。

这种类型的作品引起了众多讨论，阿波利奈尔称其为"四维空间"，由它引申出一种新的丈量空间的方式。 如同莫里斯·布歇的《多维空间论》（1903）或者莫里斯·潘塞所提出的概念，立体画派使用的新的空间几何的理念引发了当时绘画界广泛的联想。 这些观点主要关注的是准科学的立体派客观主义以及如何追寻隐藏的真实。 马蒂斯也是关注的人之一，并且很早就读过布歇的书。 他表现四维空间的方式既不是神秘的符号，也不是数学的模型，而是马克斯·韦伯所说的"同时向各个方向延伸的极其强烈的空间感"。 这种空间感由想象中的"已知三维空间"呈现，对空间的直觉感知令人产生"万物无垠"之感，这一点与马蒂斯后来所说的"无边"空间非常类似。

应该说马蒂斯与毕加索都对神秘主义的说法非常谨慎，并且避免在公开场合谈论"第四空间"，尽管他们的作品以不同的方式表现了与之相关的思想。 这一时期他们的共同目标之一就是寻求一种方法，从日常生活中提炼出神圣的力量。 为此，他们强调在描绘物体时，要至少保留一些物理特征，但是余下的部分则转换为其他形式。 透明和半透明效果在他们的创作中都扮演了非常重要的角色，这种效果使得表现的主体同时呈现物质和非物质两种特质。 透明感强调了视觉的形而上特点，说明形式不一定局限在某一个特定的空间中。

*

形式表现的任意性是毕加索赋予立体画派的主要特征，采取这种手法的主要原因是源于毕加索想要表现"更强的可塑性"。 他说，将物体画成方块或者立方体不是对真实的否定，因为"真实不再存在于物体中，而是在画里。 当立体派画家对自己说，'我要画一只碗'时，他非常清楚自己要画的碗与生活中的碗完全不是一回事"。 但是对马蒂斯而言，绘画需要表现事物的精髓，而不是用另一种全新的形式去代替他们。 与毕加索色彩单调、呈现几何形状而且难以理解的作品不同，马蒂斯的画色彩鲜艳，以实物为基础，清晰易懂。 尽管也会夸张变形，但他的画完全不需要特别的语言或者规则就能"阅读"。

不过马蒂斯对立体画派非常关注，而且渴望深入地了解。 一位目击者称，早在 1909 年或者 1910 年时，马蒂斯曾经站在毕加索的一幅画前说，"这就是立体主义……我认为这是向纯技术主义迈出的一大步，最终我们都会走上这条路。"大约一年后，马蒂斯参观了布拉克和毕加索在克里希大街上的工作室，特意来观看他们的绘画方式，看看是否会有助于解决自己的问题。 当他们给马蒂斯观看一幅作品，并且问他是否能看出表现的是什么时，马蒂斯回答说他看不出。 据克里斯蒂安·泽尔沃斯说，接着毕加索"拿起一片胡子，放在了画上，这时马蒂斯就能分辨出眼睛、领带等等这些东西了"。 毕加索解释说，因为他们想使事物脱离它本来的形式，因此他觉得在画上突然加上一个容易辨认的东西足以使观看者用类推的方法进行解读。 但是克里斯蒂安·泽尔沃斯说，马蒂斯"并没被说服，并且回答道，色彩和画布足以让画家在不使用任何外在工具的情况下表现出这样的结构"。

*

1911 年夏天，马蒂斯和布拉克全情投入到立体主义的创作中，以其单调、分裂、浮雕式的空间画法成就了解析立体主义的高峰。 而此时的马蒂斯正在创作一系列大型的装饰性作品，主要反映他的工作室和家庭生活。 在过去的几年中，马蒂斯的许多画都是由布满图案的平面构成，色彩和质地呈现鲜明对比，有时看起来似乎这些画是由布和纸片组合而成。 此外，马蒂斯作品的尺寸比毕加索和布拉克的大很多。 大多数毕加索和布拉克的画都是小型的架上画；而马蒂斯的则多是壁画大小的画，并且带有很强的装饰性。 受到伊斯兰艺术和俄罗斯圣像画（毕加索对这两种风格都不感兴趣）的影响，马蒂斯的画有时表现出极强的装饰性，例如 1911 年的《画家的家庭》，各种令人兴奋的装饰图案充满着整个画面。

　　这一时期马蒂斯的许多作品也折射出画家私人生活的喧嚣与嘈杂。 以《画家的生活》为例，这是第一幅完整表现他整个家庭的作品，而他在绘画中表现出的超然态度让人觉得他似乎就要离开这个家了。 表面上看起来平静的主题——妻子做着缝纫活，两个儿子在下棋，女儿手拿一本书站在一旁——被强烈的装饰主题所掩盖。 整个房间似乎因为紧张的气氛而摇晃，两个孩子下棋的棋盘似乎要因为地面的晃动而裂成两半。 镜子前的壁炉台上放着他的雕塑作品《奴隶》，表现的是一个留胡子的男子形象，显然是作为画家的替身出现在画中。 它的出现使画中的家庭得以完整，但是具有讽刺意味的是，这也暗示马蒂斯感觉自己是家庭的奴隶。

　　1911 年夏天，奥尔佳·梅森在科利乌尔与马蒂斯小住了一段时间，马蒂斯在那里为她创作了一幅与众不同的肖像画（图 5.7）。在这幅画中，女人身上笼罩着一层鬼魂般的光晕，脸部的油彩经过刮擦的处理而呈现逐渐变淡的效果，尤其引人注意的是两道军刀形状的弧线赋予图画极强的动感，与女子静止的坐姿形成直接的对比。 奥尔佳虽然呈现的是坐姿，但是似乎并不是坐在椅子上，而像是悬浮在一个抽象空洞的空间里，既像真人，也像幻觉中的人物。这幅画突出了抽象和结构的元素，暗示了

图 5.7　马蒂斯，《奥尔佳·梅森肖像画》，1911 年。 100 厘米×80.6 厘米

马蒂斯对毕加索立体派风格的认可，并且展示了另一种表现非物质化空间的方法。 几乎在同时，奥尔佳也创作了一幅马蒂斯的肖像，并且大胆地在 1911 年的秋天沙龙上展出。 阿波利奈尔注意到了这幅画，并在之后撰写的沙龙评论中简短地提到了这幅画。

那年夏天，马蒂斯还创作了一幅极其华美的作品《室内装饰与茄子》，画中描绘了三只茄子（在中国，茄子是幸福的象征）和一个打着石膏绷带的被剥皮的人。 塞尚也曾经在他的静物画中表现过象征人类痛苦的剥皮主题。 在《室内装饰与茄子》中，装饰性的元素完全压倒了人的元素，暗示人类的痛苦与宇宙的无垠相比只是沧海一粟。 这幅画标志了马蒂斯装饰性风格的顶峰。 此时的毕加索

图 5.8　马蒂斯，《室内装饰与茄子》，1911 年。 212 厘米×246 厘米

也在不停探索抽象的立体主义的极限，他们都在以自己的方式寻找自己风格的极致。 马蒂斯的这幅画极为夸张，而其夸张表现手法的关键就是那些铺天盖地的花朵图案。 他弃用了透视的手法，使花朵图案的效果看起来极为抽象，他强调并且坚持将所有事物都简化到最基础的形式。

一种"更高的"时空维度在《室内装饰与茄子》原有的画框上体现得更加明显。 画框上延续了花朵的主题，不过是用深色紫罗兰配上浅色底色，与画中花朵相反。 这样的边框不仅通过延伸花朵主题使画面更加平面，而且增加了一种剪贴画的效果——与矩形画框包含画中各种矩形图案的效果形成呼应。 马蒂斯在1911年又将这种带有绘画的画框用在了另一幅作品中，这就是后来被销毁的《大裸体》：一个栩栩如生地展示着"欲望之梦"姿势的金发女子，明显带有奥尔佳·梅森的特征。 （这就是为什么《大裸体》被销毁的原因吗？）

沙拉·斯坦买下了《室内装饰与茄子》，并且告诉马蒂斯，她认为这幅画标志着他在这条道路上的"一次真正的巨大进步"。 而事实上，这幅画标志着夸张的装饰画时期的终结。 但是一年后这幅画却帮助毕加索取得了一次突破。

*

立体主义的崛起是法国绘画界的一次重大转折。 立体派画家被看作是塞尚的接班人，格莱兹和梅青格尔在他们1912年的书《立体主义》中更是公开如此宣称。 他们认为，塞尚教画家"如何支配整体的动力"并且揭示了"那些使事物失去活力的改变是互相影响的"。 他们声称，那些理解塞尚的人都是偏向立体主义的，因为"现在，立体主义就代表绘画"。

越来越多的人相信立体主义就代表现代绘画精髓，这让马蒂斯相当恼火。1909年前，他似乎还代表着欧洲前卫艺术最前沿的发展，但是当他1911年秋天前往俄国时，与毕加索和立体派画家们比起来，他似乎已经变成了老朽的古董。 一位俄国评论家写道："马蒂斯是一条男士围巾，或者用他的对手巴勃罗·毕加索的话来说，是一条色彩斑斓的领带，虽然漂亮，但是没什么深度……最有创意和天赋的艺术家……不再追随他了。"到 1911 年，立体主义似乎已经占领了每个角落。 那年秋天，阿波利奈尔发表了一篇讽刺短文，其中写到，当马蒂斯从科利乌尔度假归来时，他很懊恼地发现 KUB（一种牛肉浓汤的牌子）的标识就画在对面的大楼上，这个立体主义的标识完全破坏了马蒂斯度假的心情。

仅仅几年前，巴黎的艺术界还被划分为格特鲁德·斯坦所说的马蒂斯派和毕加索派，而现在马蒂斯派严重萎缩，似乎只剩下他一人孤军奋战了。

几年后，马蒂斯承认，"立体主义的辉煌确实是一个艰难的分水岭"。 这令他十分痛苦："我全身心地投入自己的探索中：不停地实验革新，研究色彩，用色彩表现能量和光线。 当然，我也对立体主义很感兴趣，但是它还是不能触及我最深层的情感，不是我最爱的线条、阿拉伯纹饰和那些充满生命力的东西……对我来说，转向立体主义只会违背我一直追求的艺术理想。"但是此后几年里，他却将以一种全新而坚定的方式转向立体主义。

*

马蒂斯与毕加索的生命中充满了奇异的巧合，他们经常在同一时期做出重大的风格转变，而且私人生活中的重大转折也常常联系在一起。 1911 年到 1912 年间的冬天，二人都与曾经爱过的女人分居，尽管这些人曾深深影响了他们过去几年的创作。

1911 年秋，毕加索创作《我的女人》时，他正与费尔南德经历一场痛苦而持久的分手战。 那年夏天他们已经分开，而到了秋天，毕加索迷上了一位名叫伊娃·古埃尔的女子，当时伊娃还在与画家路易·马尔库西同居。 有趣的是，唯一完整讲述这个事件的人却是马蒂斯。 马蒂斯从他的一个模特那里听到这个故事，然后把这件事告诉了迈克尔·斯坦，而迈克尔后来又在信中告诉了格特鲁德。

毕加索与费尔南德最终分手的导火索源于费尔南德与 22 岁意大利未来主义画

家乌巴尔多·奥皮的恋情。 她错把伊娃当成了知心密友，让她为自己给奥皮送一封信。 而急于将毕加索占为己有的伊娃却把信直接交给了毕加索："于是 P（毕加索）找 F（费尔南德）对质，接着他们就分手了。 P 找卡恩维莱要了些钱，然后把拉维尼昂街公寓里自己的东西统统清走，遣散了佣人，锁上了另一个住处，和伊娃一起私奔到克里特岛。"毕加索试图表现得很淡定，他用讽刺的口吻给布拉克写信说："费尔南德跟一个未来主义的家伙跑了。"尽管毕加索后来给自己塑造了一个对女人极为冷酷的形象，但事实上他的嫉妒心和占有欲非常强烈，在对待费尔南德时尤其如此。 他把费尔南德与外界隔绝起来，就像对待那些深宫中的女人一样，而费尔南德那些或真或假的不忠事件以及她任性的调情都深深伤害了毕加索的心。

就在同一时期，奥尔佳·梅森的精神状况变得极不稳定，需要寻求医生的帮助。 在马蒂斯前往俄国期间，她向艾米莉·马蒂斯摊了牌，于是马蒂斯被迫要在两个女人之间做出选择。 经过一番激烈的心理斗争，他决定放弃奥尔佳，挽救婚姻。 为了彻底分手，他和艾米莉一起离开了巴黎一段时间，原本计划前往马赛，但最终选择了一个更远的地方——摩洛哥。

多年后，马蒂斯在一次与毕加索的情人弗朗索瓦丝·吉洛的对话中透露了他此时的思想状态。 马蒂斯在摩洛哥期间创作的头几幅画之一是色彩浓烈而明亮的《橙子篮》，毕加索在 1942 年买下了这幅画，并且将其挂在画室里非常显眼的位置。 当吉洛问马蒂斯当时的创作环境如何时，马蒂斯说当时他非常失落，甚至认真地考虑过自杀，不过他给出的原因是由于那时他穷困潦倒。 1912 年的马蒂斯其实已经相当富有了，他不过是用艺术家惯用的故事来隐藏绝望背后的真正原因罢了。

*

马蒂斯从摩洛哥返回的那年春天，情绪相当动荡，也就是在这一时期，他创作

图 5.9　马蒂斯，《金鱼与雕塑》，1912 年。116.8 厘米×100.6 厘米

了一些令人难忘的作品。其中之一是一幅描绘金鱼和卧式裸体雕塑的画，这个雕塑在他与奥尔佳·梅森恋情展开之初曾经出现在他的静物画里。如果说《雕塑与波斯花瓶》中散发了一种强烈的荷尔蒙气息，那么创作于 1912 年的这些出现"欲望之梦"雕塑的作品则充满了梦幻的怀旧情怀，《金鱼与雕塑》（图 5.9）就是其中之一。在这幅画中，我们能不断感受到开放与封闭的对比，以及不同视角间的反差。亮红色的金鱼是画家自己的替身，透过厚厚的镜片观察外面的世界。金鱼注视雕像的眼神，就像我们注视金鱼的眼神，让看画的人也产生受困的焦虑感。金鱼居住的人工世界就好比桌上人为摆放的物品，如此一来，掩盖和替换的主题就能在多个层次上得以体现。在桌面上，自然世界被微缩成替代品：碗代替池塘，花

代替植物，雕塑代替真正的女人。 液体一般流动的绿色、蓝色和赭色在画中荡漾，似乎整幅画都隐藏在巨型水幕之后。 雕塑看似浮在表现桌子边缘的线条之上，更加增强了漂浮的效果，也凸显了怀旧和梦幻的情调。 马蒂斯使用无名的人工雕塑来呈现女人的形象，从而使他的本能欲望得以净化，让他有勇气唤起那些不该出现的记忆。 如果如萨尔蒙所说，马蒂斯"只对那种过滤过的性感兴趣"，他的意思不是说马蒂斯不食人间烟火，而是说他用非常私人的方式看待生活和爱情。

　　带有类似梦幻色彩的作品还有《金莲花与"舞蹈"II》（图 5.10）。 这幅画中马蒂斯加入了 1909 年版《舞蹈》的形象，他采用了不同的手法来描绘舞者，呈现出一种产生、发展和变化的过程感——时空在其中得以延伸和扩展。 舞者在大花瓶的瓶口处汇集，似乎花和舞者都源于瓶中，从这个角度来看，动作被等同于创造。 马蒂斯正在研究意大利未来主义绘画，这也是为什么他采用多种手法对舞者的动作进行描绘。 未来主义的作品曾在波恩海姆-热纳画廊展出，画展的目录上有一句轰动一时的口号："艺术创作需要心理状态的同步，这才是艺术令人陶醉的目的。"这句话一定引起了马蒂斯的共鸣，因为他们所提倡的观点与马蒂斯的想法殊途同归。 如果说这幅画将创作的意象与"失落的象征手法"相结合，例如画中

图 5.10　马蒂斯，《金莲花与"舞蹈"II》，
1912 年。 190.5 厘米 × 114 厘米

的空椅子，那么我们可以清楚地感受到马蒂斯深深的失落感。

马蒂斯从摩洛哥归来后，创作了此时最具自传性质的作品《对话》（图5.11）。这幅画的创作始于他与奥尔佳·梅森的恋情之初，但直到 1912 年那个痛苦的夏天才正式完成。 在《对话》中，马蒂斯与妻子对质，气氛极其紧张——他身穿条纹睡衣，手插口袋，身体僵直，似乎无言以对，亦或是无法动弹。 在他对面，她用女王一般的态度来回应他空洞的眼神，神态镇定自若，高贵而庄严。 画中双方都不愿让步：两人似乎被蓝色房间中沉重的气氛凝固了，只剩下固执和坚持。 似乎是为了故意强调二人间的紧张气氛，屋外的世界被描绘成另一番景象——春回大地，花红柳绿，一片生机盎然。 而在被蓝色包围的屋内，暗示二人

图 5.11 马蒂斯，《对话》，1912 年。 177 厘米×217 厘米

交流的唯一信号是女人的黑色袖子和黑色的阿拉伯纹饰窗栏，二者的呼应似乎在间接表现运动或者发音：交谈。

当我们仔细观察画面，会惊讶地发现窗栏的纹路呈现出一个单词的形状——似乎间接认可了毕加索过去几年来采用的排版样式。 这个单词是"不"（NON）——一个形式对称的词，表明双方互不相让的态度，而且为画面的空间设定了一个边界，界限内是二人的私人生活，界限外是生机勃勃的花园。 当我们注视着这幕家庭剧上演时，"不"这个字成为了房间内空间和物质的象征。 进一步说，这个字也象征了这对被蓝色包裹的夫妇。

这幅画是马蒂斯最袒露心声的作品之一，而且它从未出现在巴黎的任何展出中，它的唯一一次公开展出是在 1912 年秋天伦敦的第二届后印象主义画展上，之后即被送往俄国的希丘金家中。 在这幅画上，像罗杰·弗莱这样敏锐的观察家也接受了对马蒂斯的大众评价，以及马蒂斯自己在《画家笔记》中的观点，而不是相信近在眼前的证据。 弗莱声称《对话》中"没有激烈的冲突，它在日常生活场景中融入了诗歌的精髓，温和、深邃而平静……最终我们会认同马蒂斯，他的作品给人以安全和宁静的感觉"。

*

尽管随着立体主义的崛起，毕加索的声望已经超过了马蒂斯，但二人还是被公认为前卫艺术的两位领军人物，从某个方面来说，正是因为二者的不同。 弗莱在为 1912 年后印象主义画展所撰写的文章中写道，马蒂斯独自一人，"远离俗事和生活的激情"，而刺激毕加索进行创作的"往往是激烈的情感，有时甚至是极端悲观的情绪"。 似乎是为了认可二人确实被"推选"为重要的艺术家，弗莱写道，马蒂斯与毕加索现在可媲美塞尚在 1910 年首届后印象主义画展上的地位。"二人间的对比无人可以企及，"弗莱认为，"能够包容如此巨大的反差，这是现今艺术运动最有希望的表现之一。"

VI.

交集

某天,我在路上遇见了马克斯·雅各布,对他说:"如果不是我手头正在进行的创作的话,我希望能像毕加索那样画画。""这太巧了!"马克斯说。"你知道吗,毕加索也说过一样的话!"

——亨利·马蒂斯

1913 年 8 月底,马蒂斯和毕加索给当时在西班牙的格特鲁德·斯坦寄去了两张内容相近的明信片,上面的话都如同外交公报一样简短。"我和马蒂斯一起在克拉玛尔的森林中骑马,"毕加索写道。"毕加索是个很好的骑手,"马蒂斯说,"我们一起去骑马。很多人都为此而感到惊奇。"很明显,马蒂斯乐于让格特鲁德也因此而惊奇一下。马蒂斯和毕加索在经历了一段较为冷淡的时期后,又开始接触起来,在艺术界产生了不小的震动。他们不再被视作不可调和的对手,而成了人们眼中新艺术的双子领袖。同时,与过去的五年相比,他们也开始更加直接地吸取对方作品中的元素,甚至时而直接越界进入对方的创作领域。毕加索对马蒂斯作品中的平面和极具对比性的装饰性结构很是赞同,马蒂斯则越来越倾心于立体主义的分裂式描写方式。

然而两人的和解并不意味着一切问题都得到了解决。1913 年秋,日本画家川岛理一郎曾经问毕加索是否喜欢马蒂斯,当时他两眼圆睁,回答说:"嗯,马蒂斯的作品很漂亮,优美。"然后又补充说:"他正在开始了解。"然后就闭口不谈了。多年后,当川岛询问马蒂斯对毕加索的看法时,他迟疑片刻后说:"他很多疑，很难揣摩他的想法，但是他的理解很深刻。"

*

毕加索对马蒂斯的作品重新燃起兴趣似乎部分因布拉克而起。布拉克于1911年夏天在科利乌尔访问了马蒂斯，当时后者正在创作《室内装饰与茄子》，这幅作品后来毕加索在莎拉和迈克尔·斯坦那里看到。他敏锐地读出了马蒂斯大幅作品中不同的视觉质感之间犹如相互重叠一般的对比方式，这和他自己那种用重复的小块构成对比，而不在物体的质感或本色之间做出区分的方式完全不同。毕加索也精明地意识到马蒂斯近期的这些看起来和他自己毫不相干的工作，也许指明了一条新的美学道路。

在这期间，毕加索想要超越解析立体主义的心态是显而易见的。他已经对这种有限的语言带来的束缚感到不耐烦，因为它迫使他丢弃了生命中的很多体验。同时，这样的举动也为他提高自己画作的范畴提供了可能。自从丘希金向马蒂斯订购了《舞蹈》和《音乐》后，毕加索就非常渴望能够创作一幅大型的装饰性巨作。除了艺术追求的问题之外，毕加索还注意到马蒂斯的这些大幅作品也暂时地影响了他向丘希金出售作品。1909年，他曾经接受美国收藏家汉密尔顿·伊斯特·菲尔德的装饰性画作的订购，和马蒂斯当时为丘希金创作的大幅作品之间形成直接的竞争。尽管毕加索花了很多年的心血去创作这幅作品，但始终未能圆满完成。因为立体主义风格是建立于小的、高度细节性的笔触、重复的形状和高度精简的色彩之上的，要应用于壁画大小的作品绝非易事。

1912年春，毕加索开始在自己的作品中对视觉质感采取更加明显的区分。数月后，布拉克在作品中引入了剪纸元素，这被视作是"拼贴"技法的第一次应用。毕加索几乎同时也开始采用这一技法，但是他所使用的拼贴技法更具动力和暗示性。布拉克在作品中使用了一些木屑材料，然后在上面着色以使它们融入周围的空间中，毕加索则允许画作中的不同元素保持自己的性格，从而形成一种异态感而非和谐感。 与此同时，他的创作对象更扩大到各种工业碎片，加强了这种独具风格的非和谐性。 在他的作品中，手工和机械物之间产生的错视画[1]元素形成的张力是他拒绝模仿的标志，但也是他接纳其他技法来表达新的，特别是现代的、社会的和心理现实的结果。 毕加索超越了艺术作品和其周遭环境之间的割裂，从流行文化中吸收了更多元素——这些都对 20 世纪的艺术有着深远的影响。

图 6.1　毕加索，《吉他、乐谱和玻璃杯》，
1912 年。 47.9 厘米×36.5 厘米

"拼贴"技法非常适合毕加索的复调思维模式，就好像他在《吉他、乐谱和玻璃杯》（图 6.1）这幅中期早些时候创作的作品中所表现的一样。 在墙纸的背景上，毕加索创作了一张真正的剪报、一张乐谱、一只"立体主义"酒杯的木炭画和四张剪纸。 它们共同引导观众产生出吉他的意象，而不是直接表现出来。 这些贴在一起的纸片开创了一个新的激进的表达系统。 在这里，物体通过抽象的符号暗示出来，同时尽量减少对平面的干预。 分析立体主义使用了与空间环境相对应的模式化结构来创作，而这种新的平面模式具有一种分离的特性，和马蒂斯当时的作品颇有相似之处。 但是毕加索作品中的物体表达得比较简练和抽象，从某种意义上说是和语言词汇相关的：我们并没有在这幅作品中**看到**吉他，而是感到它被**命名**了。 这种口头性的呈现为拼接带来了一种独特的语言特性。

《吉他、乐谱和玻璃杯》将一系列强烈的、对比清晰的语言聚集到了一起：拉

1　错视画：原意为法语中的"障眼法"，可以让人产生三维透视的感觉。

丁字母和法语、音乐符号语言、立体主义、方格中的花纹图案、人造木纹理的拼接等等。所有这些话语都在有限的图像空间里安放下来，另一方面则是超越一切的由突破界限的符号所构成的复合语言，画家用这些符号暗示吉他的形象。正是这一浓缩而任意的吉他形象的显现反映了当时毕加索最新的符号系统：厚重的平面、断续的和无形的图像语言。后来这一绘画技法被称为综合立体主义。和早期的立体主义将形状分解或者分析的特点相比，这一新的阶段强调画面中形状的结合或合成。（在语言学中，合成是指屈折的使用而非用文字的顺序和功能来表达句法关系；拼接中独立的元素可以在某种意义上被视作一系列图片的屈折，从而改变了图片中事物原有的空间顺序。）

　　《吉他、乐谱和玻璃杯》中应用的剪纸拼接手法承担了极其重要的角色，它在某种意义上和《我的女人》中的标题起着相同作用。"战斗激战正酣"用黑体大写字母发出宣言，讲述当时甚嚣尘上的巴尔干战争[1]（当然这部分信息没有显示在图片中）。但是，毕加索却又只使用了标题的一部分（完整的标题是"查它第亚前线战斗激战正酣"），从而也在评论图片中所发生的事情。这是一场在拼接之中进行的不同的风格和符号系统的"战争"。它们强调各自的有效性，从而以彼此冲突的形式存在，并对1912年末绘画表现的可能形式进行了批评性评价。从更个人的角度来说，这场战争也超越了毕加索和布拉克之间的友好竞争，变成了他和马蒂斯之间更麻烦的纠缠——毕加索用装饰性的墙纸把他牵扯了进来。作品中的墙纸直接指向《室内装饰和茄子》画面右侧方形带花纹的赭石墙纸。这片墙纸以一种平面的方式独立于周遭的物体，从而产生了非常类似于拼接的效果。

*

　　因为马蒂斯和毕加索在过去的一年半中都有很长一段时间不在巴黎，所以直

1　巴尔干战争：1912～1913年间为争夺奥斯曼帝国在巴尔干半岛的属地而发生的两次战争。

到 1913 年夏天两个人才有机会重新经常见到对方，并造访对方的画室。 当时马蒂斯刚刚结束第二次摩洛哥的旅途，而毕加索则度过了一个艰难的春季回到巴黎。毕加索的父亲在一次重病后于 5 月 13 日去世。 同时，他的新情人伊娃也查出身患重病。 最初诊断只是肺部充血，但是后来却发现极可能是肺结核甚至肺癌。 雪上加霜的是，他宠爱的狗弗里卡也病倒了，这不由使他觉得自己触了霉头、坏事连连。 春天，毕加索在临近西班牙边境的法国塞雷创作时，和当时在索尔格的布拉克减少了联系。 尽管布拉克承诺要去造访他，但最终并没有去。 在一起紧密合作四年多后，两个人不再感到"必须紧跟对方，并对他所做的每个动作做出反应"了。 6 月，由于担心伊娃的健康，毕加索回到巴黎寻求斯坦和艾利斯·托克拉斯的建议；他也许还寻求过出名多疑的马蒂斯的帮助。

但是，毕加索和伊娃刚回巴黎，他自己反而病倒了，得了伤寒。 马蒂斯一贯对病患感到同情，所以带了鲜花和橙子来看望他。 毕加索并不在意那些鲜花（他有时候把它们放在没有水的花瓶里，以表示"无论如何它们都会凋谢"），但却把那些橙子看作是象征友好的标志。（在阿波利奈尔几年后所写的关于马蒂斯-毕加索画展的文章中，他把马蒂斯的艺术比作一只橙子。）多年后，毕加索购买了马蒂斯于 1912 年创作的《橙子篮》。 当马蒂斯习惯于每年给他送橙子祝贺新年时，毕加索会把它们放在碗里摆在马蒂斯这幅大作前面，来了客人就指给他们看："看看马蒂斯的橙子。"

马蒂斯的骑术比毕加索高超得多，毕加索却是个无论什么都要争赢的人，尤其是在女人面前。 因此，毕加索能和伊娃一起同马蒂斯去骑马，也显示了他的姿态，表明他乐意和这位年长的画家之间重新建立稳固联系。 考虑到毕加索是个喜欢八卦的人，他一定对马蒂斯和奥尔佳·梅森之间的关系细节很感兴趣，并从斯坦那里获得相关信息。 但是马蒂斯对闲言碎语非常在意，因此绝对不会和毕加索谈论私人问题，或者询问他的私事。 他和奥尔佳的韵事一定是毕加索心头难以了解的秘密，萦回不去。 多年后，当马蒂斯和丽迪亚·德莱克托斯卡娅同居时，毕加索就抱怨过马蒂斯对自己的私人生活一贯闭口不谈。

*

两人重新建立的友谊很明显对马蒂斯更有益，当时不少先锋艺术家和作家认为他已经过气。 被毕加索接受为他带来了新的威望，其原因部分在于毕加索对他十分重视，另一方面则源自他重新审视了自己和立体主义的关系。 1913年4月，当马蒂斯在摩洛哥的作品在波恩海姆-热那画廊展出时，他已经显示出自己在很严肃地看待立体主义画派。而当他在秋季沙龙上震惊全场，展示自己唯一的一幅作品《马蒂斯夫人的肖像》（图 6.2）时，来自立体主义的评论——也许受到毕加索的鼓励——都站在了他这边。 他的死对头安德烈·萨尔蒙写信给他说这是一幅"能让最挑剔

图 6.2　马蒂斯，《马蒂斯夫人的肖像》，
1913 年。 145 厘米×97 厘米

的人满意的作品……它把这位危险的大师所有的美丽品质都集中在了一起"。 萨尔蒙还注释说马蒂斯一直以来都在人脸的表现上存在困难："这里同样如此，穿着蓝色外套的女人仿佛戴着一张木制面具，上面涂着厚厚的白粉。 这也是个噩梦，不过是个挺和谐的噩梦。"

然而更重要的是阿波利奈尔对这幅画毫无保留的热忱，他评论了它两次。 第一次评论中他称之为杰作，"很久以来完成得最饱满的一幅作品"，并强调说马蒂

斯是一位独立于其所处时代主流的艺术家。 紧接着第二天他又发表一篇评论，称这幅作品和《戴帽子的女人》是马蒂斯最出色的两幅作品。 阿波利奈尔断定"从未有人给色彩赋予如此多的生机"，甚至还说这幅作品开启了"马蒂斯艺术的新阶段，甚至是打开了当代艺术的新局面，这个时代里饱满已经几乎绝迹了"。

尽管阿波利奈尔这么说，但人们看到这幅作品时的第一反应很难会是饱满或者浓重的色彩。 这个女人看起来像是个魔鬼，她周围的环境也如同鬼域。 外套上少见的精确着色以及漂亮的帽子与她沉稳的着装和面具一般的脸孔之间形成了鲜明的对比。 萨尔蒙的评论应该更有道理，他把这个女人的脸比作面具，认为和西非那些涂画上白粉、象征鬼魂或魔鬼的面具有类似的对称性和简洁性。（毕加索有一个类似的非常精细的面具。） 为了创作这幅画，马蒂斯花了数月时间——他妻子为此充当了数百次模特——而毕加索则在每次去他的画室时都能看到进展。最开始是艾米莉·马蒂斯的一幅很现实主义的肖像，看起来非常可爱，据说她自己因为这种逼真的描写被涂抹掉曾经哭泣过。 偏离事物表象的做法对马蒂斯而言并非少见，所以艾米莉的难过可能并不是因为她对作品第一稿的喜爱。 原因可能在于她知道自己丈夫对艺术的忠贞，所以当看到自己基本上被异化和重构成了一种魔鬼形象时，她知道他们的婚姻也没有希望了。

*

尽管再次融入先锋艺术阵营，马蒂斯也不是没有忧虑。 他妻子的肖像中除了画笔勾勒外，还采用了非常粗暴的涂抹和刮擦的方式，形状呈现出令人不悦的不和谐。 这是他创作过的最难的一幅作品，色彩也是最干的。 它摒弃了名义上的主题，用面具般的脸和人偶模特一样连接的手臂，表达了马蒂斯对立体主义最清晰的认识。 但是阿波利奈尔却称赞它丰富和饱满的色彩。 马蒂斯不可能没有注意到那时自己正走向立体主义，阿波利奈尔的称赞和这幅画以及立体主义之间没有任何关系。 他刚刚出版了《立体主义画家》一书，看起来似乎对维护毕加索的地位更为关心，并不希望增加马蒂斯的名望。

　　尽管马蒂斯的肖像作品明显受到毕加索的立体主义的影响，但吸取的显然是毕加索一两年前的立体主义而非现在的思想——当时的立体主义其实比较像马蒂斯。 这种相互的交叉尤其令人感兴趣，因为两位艺术家似乎不仅知道从对方身上学到东西并相互尊重，也在对方的领域中强调着自己的个性。 比如，在《马蒂斯夫人的肖像》中，形状的变形并不像看起来那么扭曲——从而在接纳毕加索的同时又拒绝了他。 这幅作品也被视作塞尚画派和立体主义的结合，它所引用的非洲面具极具冲击力。 毕加索近期的作品已经基本上不再描述可以辨认或具有表现力的人脸。 因此如果说在现在的立体主义中，描绘一张可以辨认的脸已经变成不可能了的话，那么马蒂斯如此大胆地将自己妻子的脸庞画成这副模样也就非常有道理了。 因此，两位艺术家在这个意义上是相互借鉴的。 他们没有简单地模仿技法，相反，两个人都在对方中发现自己，从而在自己身上发现对方。 "毫无疑问，我们相互之间获益良多，"马蒂斯后来说，"我想，总的来说，我们之间不同的进路有着一种互补的阐释方式。"

*

　　尽管双方这一段友谊通常被视作是马蒂斯借助毕加索的帮助重新融入先锋阵营，但毕加索在这个时候重新和马蒂斯建立关系也有他自己深层的原因。 他一直以来都把马蒂斯视作一种父亲的角色，因此当他自己的艺术家父亲去世后，转而向马蒂斯靠拢就是很自然的了。 伊娃的病情让他感到不同寻常的脆弱。 而且其中也有着很多艺术上的利益掺杂。 他在马蒂斯最近的作品中看到了自己能够获益的元素，那时候和这位年长艺术家之间建立同盟可以平衡他和布拉克之间的深厚关系。 他们长期的合作关系已经让毕加索意识到自己更具艺术家天分，因而希望寻求更大的挑战。 他也许希望自己的名字不再和布拉克频繁一起出现，也对两人并列而带来的身份的部分缺失感到不耐烦。 此时，当布拉克对他的作用变弱时，

图 6.3 毕加索，《扶手椅中的女人》（伊娃），
1913 年。 148 厘米×99 厘米

选择拥抱马蒂斯作为灵感来源合情合理。 为了艺术追求，毕加索在一生中同样也多次更换身边的女人。

马蒂斯为妻子所作的肖像引起了毕加索的直接回应。 1913 年秋，毕加索搬进了舒勒榭尔大街的新画室。 对一个很迷信而其情妇又在重病之中的人来说，这一点很奇怪，因为这座房子正对着蒙巴纳斯公墓。 在那里他开始创作有关伊娃的一幅作品—《扶手椅中的女人》（图 6.3）。 这个时期毕加索大部分的创作都是拼接或类似拼接的，但这一回应马蒂斯的作品却采用了和其他所有的立体主义作品完全不一样的词汇。 作品中的各分解元素更像肌肉，而女人类似几何图形的身体却嵌入了一张非常现实主义的扶手椅，椅子甚至带有阴影和一点装饰纹样。 如果马蒂斯为妻子所作的肖像是他对毕加索的立体主义的理解而带来的某种非物质化，那么毕加索对伊娃的表现中更高度的实体化和更具体的环境则显然是对马蒂斯的致敬。

毕加索非常希望在《扶手椅中的女人》里表达出伊娃生动的外观存在。 他后来回忆说阿波利奈尔曾说，当看到这幅作品中的女人时，想伸手把她的丝质底裙掀起来。 对此毕加索回应道："你可以明显看出她是个真正的女人，她确实有想要掩盖的东西。"而和布拉克一起看的时候，毕加索又问道："这是个女人还是一幅图像？ 她的腋窝有汗臭吗？"

　　《扶手椅中的女人》用它自己的方式像马蒂斯表达艾米莉那样无情地表现了伊娃。我们发现这个女人不仅是半裸的，甚至看起来是部分被切开了，她身体的外部和内部交替出现，尽管不是以一种连续的方式。她身体上方具一样的三角形脸和长长的波浪般的发辫看起来好像是和身体分离了。她的胸脯看起来像是钉进了她管状的躯干，而她纤细的躯干则被包含在另一个更广泛的身体、臀部和腿部之中——好像她的身体被切开了，犹如肉铺里的动物尸体一样，而里面则是另外一具躯壳。她多肉的肋骨被安放得身体内外都是，令人不安。甚至她的丝质底裙那细微的褶皱也同时暗示着她的肠子和内衣。

　　这幅作品令人吃惊的丰腴看起来是受了伊娃的病情的影响，表现了毕加索同时感受到她的肉体对他的吸引和易逝。为了掩盖自己因伊娃的病而产生的压抑感，毕加索曾"让大家大吃一惊，说他应该把伊娃和医生开的药方留给马尔库西"，但是这幅画表现出他对她的爱非常复杂而深厚。曾有人认为图钉一样的胸脯代表着乳房切除，甚至"这幅作品本质上是一种献祭"。从某种意义上来说，这幅作品表达出毕加索和伊娃都知道手术是不可避免的了。实际上，第二年春天她就接受了手术。毕加索相信图画的魔力和辟邪作用——"如果我们给灵魂以形体，我们就能独立于它们"。他也许曾希望通过自己的艺术魔力来治疗伊娃；也许，从某种程度上来说，他是想要补偿自己二十年前未能阻止自己的妹妹孔奇塔的死亡。但是这次他也不会有多成功。

*

　　1914年3月2日，在巴黎德鲁奥酒店举办了一场对马蒂斯和毕加索而言非常重要的拍卖会。拍卖的藏画属于安德烈·勒维尔于1904年创立的专门购买现代艺术品的熊皮协会（名字来自拉·封丹的寓言）。该协会把作品雪藏10年，然后拿出来拍卖，获取丰厚利润。协会每年购买资金固定为2 750法郎，共收藏了145件作品，其中包括马蒂斯的10幅作品和毕加索的十多幅作品。尽管熊皮协会主要是以营利为目的，但投资人相信因为这种做法给艺术品设定了较高的价值，因而也能推动现代艺术的发展。 为了公平，他们同意把每次重新销售的作品价格的20% 交付给尚在人世的艺术家。 （直到 1920 年，这条重售原则才被写入法国法律，也就是所谓追索权。）本次拍卖之前，协会精心策划了一场浩大的宣传活动，把它变成了对拍卖作品的一场"美学、政治和经济估量的盛会"。

拍卖共收入 116 545 法郎，投资则是 10 年来投入的 27 500 法郎，无可争议地为 20世纪初的艺术奠定了客户需求和经济价值的基础。 （这个金额大约相当于 2002 年的 40 多万美元。）其中作品拍卖价格最高的是马蒂斯和毕加索的作品。 尤其值得一提的是，毕加索于 1905 年创作的《卖艺人家》卖出了 12 650 法郎。 （勒维尔于1908 年直接从毕加索手中以 1 000 法郎购得，当时毕加索急需钱用。）毕加索很小心地记录了自己从追索权中所获得的报酬为 3 978.85 法郎，甚至精确到了分（这构成了他在 1904 年所有收入的 20%）。 马蒂斯从销售中大约获得 2 000 法郎。

熊皮的拍卖为两位艺术家在一战前夕的艺术品市场建立了首要地位，并为现代艺术融入法国经济主流建立了模式，最终帮助二人在接下来的二十年中都变得非常富有。

*

马蒂斯和毕加索之间的艺术对话在接下来的数年中变得非常活跃和丰富。 马蒂斯对解析立体主义影响最深的一幅作品是他在 1914 年创作的《伊芳·兰兹伯格小姐肖像》（图 6.4）。 这是他受雇创作的作品，但允许他完全按照自己的想法来创作，而且兰兹伯格家族没有义务购买它。 这幅作品的色彩减缩至单色，形状重复出现，甚至人物的形象处于画布的方形框中这几点都明确表明它是借鉴了毕加索在 1910～1912 年间的创作，如《弹曼陀林的姑娘》（见图 5.5）或《我的女人》（图 5.6）。 但即使马蒂斯接受立体主义传统，他也同时拒绝并"修正"了它们，好像是给毕加索上了一课，指出他的立体主义可能缺乏一些什么。 他没有遵循立体主义那种一贯的方形构图，而是充满了扩张的曲线，用一种令人吃惊的原始笔触刻画进画布，不仅让这个女人的形态非物质化，更把她的内在能量也表现在了她周围的空间中。

图 6.4　马蒂斯，《伊芳·兰兹伯格小姐肖像》，1914 年。147.3 厘米×97.5 厘米

《伊芳·兰兹伯格小姐肖像》的抽象也是为了传递它特定主题的根本性质，而立体主义则很大程度上抹杀了其主题的独立性。 和 1913 年马蒂斯妻子的肖像一样，这幅作品也是直接用模特创作，需要模特多次为画家摆姿势。 此外，它也和那幅作品一样，一开始是很自然主义的，然后逐渐抽象化，直到这个女人看起来好像存在于另一个时空。 伊芳·兰兹伯格的哥哥每次都送她去画室，他非常吃惊地目睹了作品越是偏离她的外貌却越是能反映她的性格。 直到最后一次做模特时，马蒂斯才将那些发散的线条加到作品的表面，基本上拆散了他非常努力地创造出的这个形象。 尽管马蒂斯明显地借鉴了立体主义和未来主义，但他却把它们用于自己的目的，改变了这个女人的形态，用她植物一般四散的枝条变成了具有马蒂斯风格的花一样的女人。 这幅作品以立体主义-未来主义为出发点，把他对立体主义的艺术的、智慧的和精神的关注都宣泄出来，这是他之前惯用的语言无法表达的。 这幅神秘、引人注目的作品中清晰地表达了年轻女性和花朵的联系，以及生命伊始，人生充满各种可能性的美好感觉——最后兰兹伯格一家在短暂犹豫后，认为这幅作品过于不像肖像画而拒绝购买。

*

马蒂斯从毕加索那里吸取的大胆且自由运用形式的手法在这段时期他的多件

作品中都有表现，其中最著名的是 1914 年创作的深蓝色的《巴黎圣母院的风光》，其线性的结构与毕加索在 1912~1913 年间创作的拼接作品相呼应。 马蒂斯在 1914 年创作了另一幅深沉甚至是抽象的作品《科利乌尔的法式窗户》，这也是他最沉静的作品之一。 该作品主要由大片黑色方块构成，让人产生一种完全黑暗的夜的感受。

另一方面，毕加索则对马蒂斯作品中以蓝色单色调为背景的作品很感兴趣，并在他的一些创作中表现出来。 他在 1914 年创作的《绿色静物》是对马蒂斯 1913 年作品《蓝色窗户》的直接回应。 他应该在马蒂斯的画室里见过这幅作品。 在《绿色静物》中，毕加索（已经渡过了以蓝色为主题的时期）发展出一种新的理念，使用厚重而饱和的单色作为背景。 他对物体的态度也发生了变化。 在过去数年中，他画的物体都被简化成了结构。 现在，他循着马蒂斯的思路，对各个物体的特性给予了特别关注。 和马蒂斯作品中的一样，物体在这幅作品里都成了图画中的演员，被相互之间连接的线条赋予了生命力。

图 6.5 毕加索，《年轻女子肖像》，
1914 年。 130 厘米×97 厘米

毕加索的另一作品《年轻女子肖像》（图 6.5）被人们普遍认为代表了伊娃，看起来是对马蒂斯 1913 年所作的马蒂斯夫人肖像的回应。 画中的女人在画布中的安排让人想起马蒂斯的作品。 和艾米莉·马蒂斯一样，她也戴着一顶非常华丽的帽子，背景色又是非常鲜艳的绿色，而且毕加索开玩笑似地在上面设计了许多花纹。 其中令人印象最深刻的是上面的花纹图案（类似马蒂斯作品中的

花纹）是画上去的，而不是粘上去的，用来模仿拼接效果——这是他聪明地把拼接技法思路逆向应用的结果，并稍微带点自嘲的意味。 在这些平面形状上他采用了一种新印象主义的点画式技法，用来加强整个图片的幽默感。 他还在画中相互靠着的两个头上表达了两种不同的概念—— 一个是黑色的、平面的，呈反 B 形状，让人回想起他曾在拼接中用于表现吉他和头部的那些形状；另一个则用点画技法画成，呈梯形的绿色和白色点组成了像面具一样的面纱或者脸部。 同时，画布上形状的平面分布十分分散，以至于女人的身体几乎不可辨认，而拼接模块的几何倾斜是对马蒂斯物体融合风格的一种抵抗。

在这种新的表现形式中，毕加索把马蒂斯的装饰元素和分析立体主义的分解平面统一起来，相应地也对马蒂斯产生了影响。 毕加索 1913 年的作品《玩牌者》（图6.6）采用了简化的装饰和似暗实亮的黑色背景，似乎也给马蒂斯在 1914 年创作的《金鱼与调色盘》（图 6.7）提供了灵感。《玩牌者》的主题相当分散，以至于人物形象几乎无法和他面前的牌桌区分开来，这样的安排似乎让马蒂斯有了新的想法。画中不可思议的布光、装饰模块的分离、向旁侧的歪斜以及被处理成某种建筑结构一样的脸都在马蒂斯的作品中有所反映。

图 6.6　毕加索，《玩牌者》，1913 年。108 厘米×89.5 厘米

两位艺术家的战时作品均表现出更加慎重且深入的思考，这一点在一战爆发后马蒂斯的第一幅作品《金鱼与调色盘》中有着充分的反映。 该作品最开始是一幅清晰的自画像（马蒂斯在给他的一位画家朋友夏尔·卡穆安的信中附上了一幅

图 6.7　马蒂斯，《金鱼与调色盘》，1914 年。　146.5 厘米×112.4 厘米

草图），然后逐渐演变为更抽象的形式。　但在完成的作品中，马蒂斯不仅仅添上了一块他的调色板，画面右侧还有明显暗示他的腿、右臂，以及代表他上半身和头的抽象图形，这些都被处理成一种建筑式的形状，令人联想到毕加索。　画家在作品中加入的身体是和毕加索对话的重要部分，也是其意义的关键。　实际上，《艺术家与金鱼》可能更适合做这幅作品的标题，因为其中艺术家本身是更重要的表现形象。　画中艺术家模糊的身体反映出马蒂斯希望借鉴毕加索近乎难以辨认

的象征性组合。 它也为整件作品的中心主题提供了基础，即观众眼中看到的内在和外部图像之间的冲突。 马蒂斯之前的作品一直把身体和脸的整体性作为最重要的部分，但是在这幅画里，毕加索的立体主义不仅影响了其抽象性、平面分布和窗格的分割，其至还让艺术家把身体变成了一种建筑式的架构，几乎难以辨认——这在毕加索的许多近期作品中都有体现。 在《金鱼与调色盘》中，马蒂斯的创作正是基于毕加索在《玩牌者》中的平面和分解方式——实际上成了对毕加索版本的重构，而毕加索的作品又源于马蒂斯之前的画作。

　　这是马蒂斯最忧郁而引人深思的作品之一，也是他最具内省风格的作品。 在这幅作品中我们几乎以他自己的"眼睛"，用他的心灵之眼在绘画中看到他自己。 金鱼这一命名主题在他的眼中比其自身的存在更加清晰。 画家用了大量复杂的倾斜线条和角度，各个平面猛烈地交织和重叠，粗糙地描绘了反思的震动和心理。 整幅图——不仅包括其主题更包含它浓烈的表面和各个形状随意的摆放——都像是马蒂斯的内心与外部世界交汇处的描写。 这种双重现实的混杂运用了毕加索之前作品中心理表现方面的技巧，以及马蒂斯从毕加索和格里斯那里获得的一些技法，尤其是竖直的带状线条和分裂的图像表现形式。 通过黑色唤起观众的光线感受——这是这幅画中马蒂斯最大的创新之一，他在以后的绘画中大量使用，而且毕加索也曾加以引用。

　　该作品强烈的力量非常准确地捕捉了战争初期的黯淡情绪，给所有观众都留下了深刻印象。 多年后，安德烈·布莱顿在和雅克·杜塞就这幅作品（同时交易的还有《亚威农少女》）的交易通信中说道："我相信马蒂斯的天才就在这幅作品当中，其他作品只反映他的天赋，这种天才是非常强烈的……我相信马蒂斯从未在其他任何地方如此完整地表达自己。"

*

　　《金鱼与调色盘》给毕加索留下了强烈的印象，其情感力量和对黑色的高调

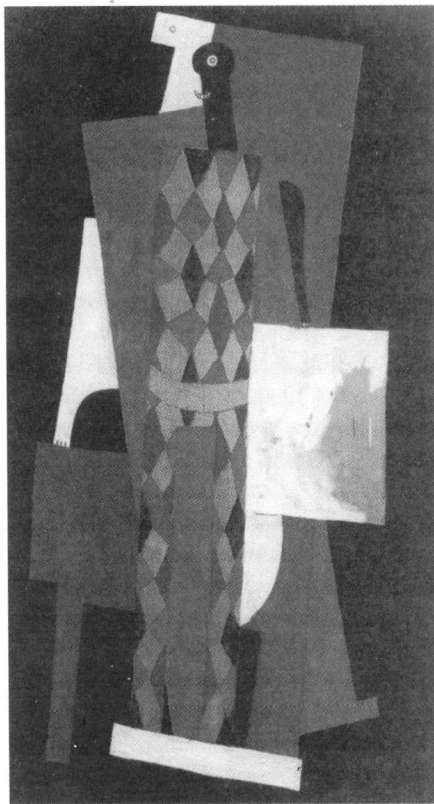

图 6.8　毕加索，《小丑》，1915 年。
183.5 厘米×105.1 厘米

利用看起来都影响了他在 1915 年创作的《小丑》（图 6.8），这是他最简洁而动人的作品之一，为强调多重身份赋予了新的意义。

在其早期作品中，毕加索经常表现小丑角色，把他当作一种替代性的自画像。但自 1909 年他的创作主题变得更加抽象后就没有再画过了。1915 年秋，他又重返小丑主题。这个时期里，毕加索在两个方向上创作：一方面他创作抽象的和平面立体主义的作品，另一方面他还在为朋友们和熟人画一些素描肖像，其风格细腻，颇有英格尔作品的意味。

这幅 1915 年的《小丑》采用了昏暗的色调，带着一种苦涩的滑稽感，反映出毕加索在困难时期精神上的压抑感。当时伊娃的身体已经非常差。到 1915 年秋，她已经住院治疗，明显所剩时间不多。12 月 9 日，伊娃去世前五天，毕加索在给格特鲁德·斯坦的信中说："我的生活就像地狱一样。伊娃还在病中，而且一天比一天差，现在她已经在疗养院住了快一个月了……我几乎没法再工作。每天都往疗养院跑，几乎一半的时间都花在地铁上。我没有心情给你写信。"

《小丑》的创作过程似乎经历了一次重要的转变。在一系列的相关水彩作品中，毕加索画了一对跳舞的夫妇，但是随着创作的进展，两个人被合并成了单个的令人恐惧的神秘存在形式。 如果《小丑》是基于毕加索拼接的经验，那么它所体现的拼接是更大范围的，有着更广阔的表现形式和更丰富的表面质感。 在简单而黯淡的黑色背景上是棕色的桌子平面和高度抽象化的小丑形象。 尤其让人印象深刻的是毕加索把小丑的形象分裂开来，似乎是把两种人格安进了一具躯壳里。 靠在桌面上的手部的白色和小丑右眼周围细小的白色区域都和他的身体主要部分分离开来。 头部的黑色一边表现得尤其简单，仅仅用了一个小圆圈表示眼睛和一个简化的月牙形状代表嘴巴。

《小丑》是毕加索第一次表现分裂人格，将两个形象拼贴到一起，好像是暗示在一个人心中有两个不同的心理现实——两者并非相互冲突，但也不算相处和谐。 小丑身体旁仅仅画了一部分的白色方块，更加增强了这种多重身份的暗示。它可以被解读为画板，或者——由于未画的部分，看起来像是一个幽灵似的头部——也可以被看作一块未完成的画布。 （这个形状一旦被注意到，就会一直阴魂不散地留在观众的印象中，几乎可以肯定是毕加索有意为之。）由于这个方块的创作突出了绘画的方式，它也暗示着——完全独立于我们把它看作某种"事物"的解读——绘画"过程"本身。 或者更准确地说，它是在提醒我们作品的完整性不可能达到，不论在生活还是绘画中都不可能做到十全十美。 这个代表着"绘画"本身模糊性的谜一样的方块是这幅纷乱的画作中最令人不安的部分， 也是最具暗示性的部分。 它预示了毕加索在随后的多年中所采用的象征性语言的范围。

很自然，当马蒂斯在罗森博格的画廊里看到《小丑》时，他告诉画廊主这幅画源于自己的金鱼作品，因为毕加索从他的作品中所拿走的正是他自己从毕加索那里得到的，比如人物和周围环境的粘合、不同心理视角的暗示、分裂的平面，将图画置于所见与所想的图像之间的方式，以及将图画置于内部与外部空间的方式。 在《小丑》中，毕加索用自己的多重现实回应马蒂斯。 此外他还表达了强烈的过程感，并创新地使用了从马蒂斯那里获得的灵感，用黑色来唤起光线与黑暗的双重感觉。

毕加索对这幅《小丑》感到颇为骄傲。在12月9日给格特鲁德·斯坦的信的末尾，他提到：“但是，我画了一幅小丑。我自己和其他几个人都认为这幅画是我最好的作品。罗森博格先生买下了它。你回到巴黎就能看到。最后，我的生命非常充实，和一直以来一样，我不会停止工作。”

在他所提到的“其他几个人”中，毫无疑问包括马蒂斯。他于11月底在罗森博格的画廊里看到这幅作品。罗森博格把这件事向毕加索做了比较详细的叙述：

《金鱼》的作者和我一样感到折服。《小丑》给你的作品带来了一种非常强烈的进化，甚至于那些习惯了你之前作品的人都有点吃不消。我把《小丑》放在你的《绿色静物》旁边。你绝对想象不到尽管有着非常富丽的绘画技巧，后者看起来和它的理念上的差距有多么大，似乎变成了一种微不足道的“建筑游戏”，所拥有的只是技巧和感觉而已。在《小丑》里马蒂斯看到方式和行为之间的一致性，两者都是画作的特点。而在《静物》里则只有“方式”，虽然精细，却缺乏内容。最后，他还表示是他的《金鱼》引发了你的这幅小丑的灵感。总而言之，尽管他感到很吃惊，但却掩饰不住对你的作品钦佩，他禁不住对其欣赏有加。在我看来，你的这幅画会影响他的下一幅作品。

战争爆发后不久，多数年轻法国艺术家都去参军了。十分希望获得法国国籍的阿波利奈尔几乎立刻就和布拉克、德汉和莱热一样加入了军队。马蒂斯当时44岁，也曾试图参军，但因为年龄问题而被拒绝了。毕加索是西班牙国籍，所以也被排除在外，他倒是乐意之至。（这一点惹恼了他的朋友们。当德汉休假回家的时候，毕加索给阿波利奈尔写信说“他去看了马蒂斯，但没来看我”。）

战争期间，由于他们的朋友大多数都在前线，马蒂斯和毕加索之间的接触更加频繁了。 而当他们的朋友回家呆的时间较长时，其原因往往是受了重伤。 阿波利奈尔和布拉克都头部受创，几乎丧命，在医院住了很长时间。 在这种情况下，举办画展就会引来闲言碎语——特别是像马蒂斯和毕加索这样没有参军的。由于沙龙暂停，马蒂斯失去了常用的画展渠道。 而由于卡恩维尔的画廊被作为敌方资产查封，毕加索的许多作品也看不到了。

在此之前，毕加索一直有意地避免自己的艺术被过度曝光和商业化。 但在战时，他和马蒂斯都被推到了一种微妙的境地。 除了没有参军外，两个人都在战前有着很强的海外联系。 马蒂斯长期和外国收藏家和学生交往，其中很多都是德国人。 毕加索则本身就是个外国人，而且遵循的是德国画商（尤其是威廉·伍德和卡恩维尔）推崇的立体主义。 战争期间人们把立体主义称作"德国猪的玩意儿"。 因此马蒂斯和毕加索都努力参加各类庆祝法国文化的活动或用各种方式支持法国作战。 1915 年底，两位艺术家都向旨在帮助受战争影响的波兰艺术家的艺术品慈善拍卖会捐赠了作品；第二年春天，他们又为失明士兵联盟的义卖会捐赠了作品；1916 年 5 月，他们共同资助了一场"格拉纳多斯-萨蒂"音乐会。 他们还很热衷于参加一些民族主义氛围浓烈的艺术展。 所以当服装设计师保罗·波烈决定于 1916 年 7 月在他的昂丹大街沙龙举办一场名为"法国现代艺术"的展览时，两位艺术家都感到有必要参加。

毕加索这种偏离一贯的处事方式的做法没有逃过胡安·格里斯的眼睛，他告诉毕加索自己对他参加这样一场展览感到震惊。 据格里斯说，毕加索对此回答说"为了避免给人们留下坏印象，战争期间他一场法国艺术展都没有拒绝过。 和马蒂斯一样，对他来说……向海外卖了那么多画作后选择拒绝参加这里的画展是很奇怪的"。 马蒂斯向该展览送去了两幅作品，一幅是摩洛哥女人，另一幅则是静物。 毕加索的参展作品比较简洁但更富意义。 他本打算送一张较新的激进作品——大尺寸的《坐着的男人》——但没能如期完成。 因此他选择一幅更为激进的《亚威农少女》（见图 3.8），这还是这幅作品的首次面世。 在战争最高潮的时候展示这幅作品是个尤其大胆的举动。 它不仅会引来艺术上的攻击，其粗暴和分裂的特质可能会被认为是影射战争本质的暴力。

人们对该展览有各种不同的反应。 有的人对举办这样的展览非常吃惊。"在战争期间举办艺术展，实在是不可思议。"《强势报》的评论家说。 但是他接下来却又称赞了马蒂斯的"诱人的"色彩，并认为毕加索的画作"令人倾倒"。自然，也有媒体表达了相当明显的排外性。 一位评论人很明显地针对毕加索，说道"分不清绘画和探戈"的外国艺术家应该被遣送回国。 "绘画实验的时间已经过去了，我们现在应该要建设。 当我们的新建筑树立起来的时候，这些丑角将不被我们国家所容纳，他们会背上自己的破烂，回到自己本不应离开的老家。"《亚威农少女》引起的反应尤其强烈。 有一位批评家写道：

立体主义者们等不到战争结束就要挑起恶意。在波烈的画廊他们展示了被分割成一片片散落在画布四个角的裸女：这里一只眼睛，那里一片耳朵，然后有一只手，顶上是一只脚，最下面则是一张嘴。他们的领袖毕加索先生或许是弄的最整洁的。他画了，或者更准确地说是涂抹了五个女人。说实话她们的脸看起来崎岖不平，但肢体却搅在一起。此外，她们有着猪一样的嘴唇，眼睛则随意地在耳朵上安放着……除了立体主义作品外，画展上还有一些野兽派，如马蒂斯、马凯和弗朗德兰的作品。我们不能把野兽派和立体主义搅在一起。野兽派对色彩是不妥协的，但他们不像立体主义那样把形体砍开，也不把互不协调的平行体扔得到处都是。

这样的负面评价当然不是第一次出现。 几年前阿波利奈尔曾注意到，一位马蒂斯作品的收藏家因眼疾而即将失明时，他的家人都把过错归咎于马蒂斯的作品；而立体主义作品则常常被视作令人无法理解的精神失衡的标志。 但是战争的环境让这种思维拥有了丑陋的优势。 第二年，荒诞派芭蕾舞剧《游行》（由埃里克·萨蒂、让·科克托和毕加索创作和编舞）在巴黎夏特勒剧院演出时，观众非常愤怒，并喊出"肮脏的德国猪！"的口号。 毕加索逃离了自己的包厢并遇到了马蒂斯。 他喊道："啊！ 能在这样的环境下碰到一个真正的朋友，我真高兴。"观众们似乎开始准备暴乱，于是头上仍然绑着绷带的阿波利奈尔站了起来，穿上自己的军装，劝住了观众。

*

战争中期，两位艺术家都对大型作品特别感兴趣。 部分作为对毕加索的《小丑》的简洁性的回应，马蒂斯在这个时期创作了自己最大的也是最抽象的作品，其中包括《钢琴课》、《摩洛哥人》以及《河边浴者》（图 6.9）等，所有这些作品都使用了一种暗示性的格子。

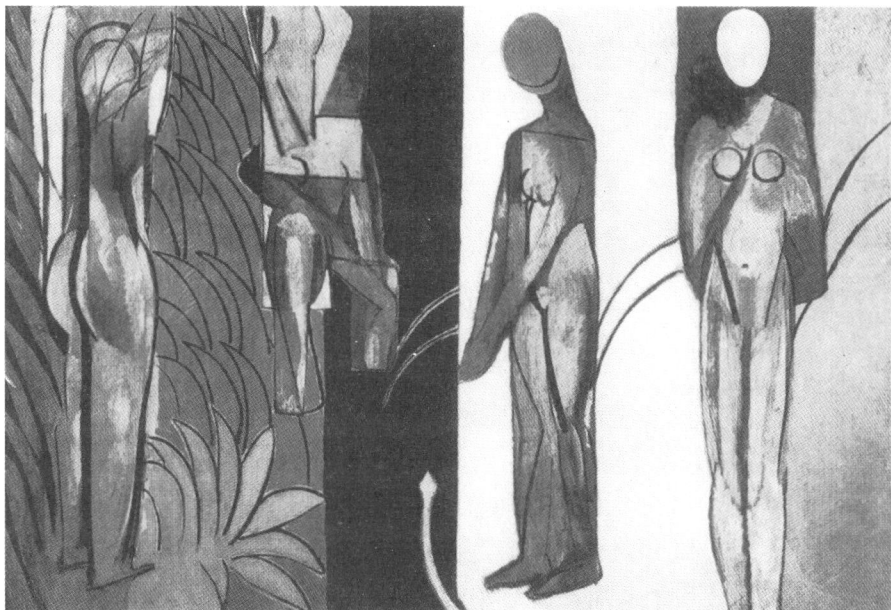

图 6.9　马蒂斯，《河边浴者》，1916 年。 261.8 厘米×391.4 厘米

马蒂斯于 1909 年开始创作《河边浴者》，是丘希金的《音乐》和《舞蹈》系列订单的第三幅。 1913 年夏天，当马蒂斯对立体主义产生浓厚兴趣时，他又重新开始创作这幅作品。 1916 年，在看了毕加索的《小丑》后，马蒂斯在抽象性上更进一步，把重心放在了形状之间犹如拼接一样的分隔和深黑色的纵向线条上。 这些纵向的具有韵律的元素既分离又联系了里面的人物，成为图画空间里具有决定意义的句法元素，将田园风光变成了令人惊异的景象，其强烈的图形独立性为马蒂斯以前的作品中所未见。 这幅作品中的人物看起来像是在一个非常抽象的空间中盘旋，与其说它们是物体，不如说是一种抽象的意念存在。 在毕加索的分析立体主义作品中，这种效果通常是通过避免表现整个人物和其周遭的空间而达到。 在《小丑》中，毕加索采用了一种天才的手法，让里面的人物似乎没有占据空间。在《小丑》的基础上，马蒂斯在《河边浴者》中达到了同样的抽象性，却没有损失掉人物或其周围环境的完整性，同时他把模糊性的部分放在整个图像的清晰性中，显得尤其具有内涵。 最终，模糊而难以辨认的部分引起了一种形而上的眩晕，在这种眩晕中世界的连续性突然像是在悬崖的边缘摇摇欲坠。

这一次，马蒂斯仍然将它和其他图形形成对比，纵向条纹极度刻板，周围围绕着纤细的曲线，在整个画面中形成一种竖直与弯曲的节奏性鼓点的对位。 《河边浴者》与毕加索同时期的《坐着的男人》中连续不断的棱角大不一样。 《坐着的男人》是毕加索为了扩大立体主义作品的尺寸，同马蒂斯的大幅作品竞争而创作的最富野心的一件作品。 为了扩大幅面，毕加索创作的形状几乎都看起来像建筑式的。 纵向平面上的点画图案暗示着美国的高楼大厦墙壁，毕加索曾在美国杂志《建筑实录》中看到这样的建筑而倍感钦佩。 毕加索还在《游行》里的美国经理所穿的服装上使用了一种类似的双关技巧。 他的芭蕾舞作品，尤其是其中的巨大的窗帘也为他创造大幅作品提供了更多的动力，芭蕾舞中音乐和文字的滑稽版本使他的作品呈现了更广泛的风格，在表达主题时具有更强烈的剧场感。

*

　　接近 1916 年底，马蒂斯进入了和立体主义创作语言最亲密的阶段。但正当他的创作开始向纯粹抽象的方向发展时，却突然变了方向——令人惊异地走向了自然主义，具有一种新的感觉。这种风格转变的刺激似乎来自一位名叫劳蕾特的模特。关于她我们所知甚少，只了解到她很可能有两个姐妹，经常和她一起做模特。马蒂斯显然对她痴迷到发疯，接下来的一年里都不断地给她画像。因此，她主宰了马蒂斯这个时期的作品。用毕加索的话来说，这个时期可以被称作是马蒂斯的"劳蕾特时期"。

　　在劳蕾特身上，马蒂斯开始了一种从未有过的系列性创作。他共画了 40 幅左右有关她的作品，情绪各不一样，发型和服装也都大相径庭——甚至连性格看起来都经常在发生变化。他从前的作品中从来没有对某一个单独的人如此着迷。在劳蕾特身上，马蒂斯开始了宫女主题的创作，并贯穿了他的整个 20 年代的作品。她预兆了马蒂斯战后所发展出的感官性特点。

　　然后，很突然地，在 1917 年秋天，劳蕾特突然从马蒂斯的作品中消失了，仅仅像鬼魂一样以一种梦境人物的形象徘徊在《音乐课》（图 6.10）中的窗外。这幅作品是马蒂斯最后一幅全家一起出现的画作，也是他最后一次表现从奥尔佳·梅森时期便开始使用的《卧式裸体 I》雕像。

　　《音乐课》是马蒂斯一年前受立体主义启发创作的《钢琴课》的后续作品，它明确表明马蒂斯又回到了更完全的自然主义。尽管其渲染上色较松散，且给人一次摆姿就完成的感觉，好像是一幅大型的水彩画一样，但《音乐课》实际上充满了张力。丰满的裸体带来的感官性以及她周围充斥的背景与平淡无奇的室内形成了鲜明的对比。巨大的裸体雕像几乎压倒了在窗外坐着做针线活的艾米莉·马蒂斯，这让艺术家家庭和花园中场景的分离显得更加令人不安。只有我们这些观众能够分享艺术家对超越他家庭的丰富世界的视角——他的家人对窗外花园中的镜像一无所知，只知道室内的情况。"人不能住太安逸的房子，"马蒂斯后来说。

图 6.10　马蒂斯，《音乐课》，1917 年。 244.7 厘米×200.7 厘米

"他必须走到丛林中去发现更简单的生活，才不至于让灵魂受到抑制。"这里窗外的景象就像是一种"丛林"——我们好像是从艺术家的肩头望过去。 这种视角让我们得以窥见艺术家对自己家庭和外面的世界之间关系的观感：他对自然的热情和他的欲望梦想。

1918 年 1 月 23 日，画商保罗·吉约姆在他位于圣·奥诺雷街的画廊举办了一场为期三天的马蒂斯和毕加索画展。 展览肯定了两位艺术家在战争即将结束的时期作为先锋阵营领军人物的突出地位，也表明艺术品市场即将再次火爆。 这是两位艺术家首次作为唯一的展览对象出展，成了他们两位之间对立关系的一个标志性事件。

吉约姆是个白手起家、颇具野心的人，他和两位艺术家都颇为熟悉。 1914 年当卡恩维尔的画廊关张时，他曾试图成为毕加索的主要画商，但没能成功。 同时他也在二级市场上出售或作为中间商售卖马蒂斯的作品。 吉约姆还很精明地推广非洲艺术和现代艺术，他策划了一场当时极为少见的重量级宣传。 除了用精美纸张印刷的小手册，他还印刷了海报，发表了新闻稿，为任何可能对展览感兴趣的人提供背景信息：

保罗·吉约姆先生有着非比寻常的品位，他正在实施一项从未有过的惊人计划，把现代艺术中两个对立的重要画派的最重要的两位艺术家放到同一展览中。您一定猜到了，他们就是亨利·马蒂斯和巴勃罗·毕加索。

前者的工作为印象主义中开创了一条新路，众所周知，法国印象主义已经几近枯竭。

而后者则表明这种新路并非是艺术家和收藏家唯一的选择，他所创造的令人惊异的立体主义美学艺术通过德加、英格尔继承艺术的最高传统。

这将是一场让人充满情绪的展览，也将成为这个时代艺术史上的里程碑。

吉约姆还请阿波利奈尔为他的手册写了两篇一页的小短文，印刷在相对的两个页面上。（这位诗人还执笔了那篇新闻稿，不过直到 1966 年才为公众所知晓。）作为惯例，阿波利奈尔的文章只是小小的赞美，更多地强调从他的角度所看到的每个艺术家的优点。 关于马蒂斯的文章中他称赞了艺术家对光线和色彩的非凡感悟力，并把他比作一只橘子："就像橘子一样，马蒂斯的工作是一只迸发着光芒的水果。"在关于毕加索的文章中，他则把这位艺术家比作一只梨，充满诱惑而神秘："他让人充满沉思，一切都被赋予了生命和思想，被内在的光芒所照亮。"阿波利奈尔对马蒂斯的赞美是比较温和的，但是他却把毕加索称为最伟大的现代艺术家——或者说，人类最伟大的艺术家之一："他难道不是我们见过的对美的追求付出最多的人吗？ 他大幅拓展了艺术的前沿，朝着最令人不可思议的方向行进，就像一只绒毛兔子在马路中间蓦鼓一样突然让人大吃一惊。"即使只看这本小手册，我们也能理解马蒂斯可能对这次展览感到失望，因为他在里面只是陪衬。

的确，展览开始前几天，马蒂斯给他的妻子写信，说提前收到了展会手册，并发现它"正如我所预料。 阿波利奈尔的前言很充分地表达了这一点。 总之，我不知道它会带来什么效果，但是我想它是不利于我的……这里充满了权术，把某个不在场的人的作品吸纳进去只是为了审判和毁灭他。 那些立体主义者和立体主义的拥护者会怎么说。"

尽管展览宣传中好像显得准备很充分，并得到了两位艺术家的共同支持，但其实直到最后一刻马蒂斯和毕加索才开始真正接触到它。 吉约姆的手腕很老辣，他分别向两位艺术家暗示对方会给予更大的帮助，从而让两位艺术家相互对抗。毕加索比马蒂斯更早得知画展的消息，但直到 1 月 12 日，吉约姆仍在到处寻觅作品，并询问毕加索是否有人"会慷慨地借给我们几幅你的佳作或重要作品"。 马蒂斯在一个月前就离开了尼斯，所以直到画展开始前十天才得知这个消息。 而且尽管他回到了尼斯，却没有去看过一眼。 只是在 1 月 14 日，吉约姆才觉得可能被怀疑在马蒂斯背后捣鬼而有些不安，并且他也需要更多马蒂斯的作品以平衡两个人的比重，所以向他通知了画展的消息并请求他借出几幅作品。 "本月 23 日我的画廊将举办一场由您和毕加索的作品组成的画展，"吉约姆写道，"我很希望展示优秀作品，并一直很努力地筹划这次展览。 但是，我想问问您是否知道哪些私人所有的您的作品是可以出现在画展上的。 当然，我最想看到的是画展上所有的作品都可以出售。"为了刺激马蒂斯，吉约姆还说"除了我从其他地方弄到的作品外"毕加索还向他借出了"一两件作品"。

马蒂斯表达了自己对这样的事件的疑虑后，吉约姆马上回信辩驳并请求马蒂斯的帮助——至少在表面上要这么做，因为这样可以更好地出售作品。 "您知道的，我有不少您的重要作品，"吉约姆在 1 月 16 日的信中假惺惺地写道。

　　我想您不会因为它们被这样展出而感到不悦。您的作品不是在看起来由您组织的私人展览中出现，因为那样的展览会像是一种您的个人声明，在现在这样的战时您是不会喜欢的。但是在这场展览中它还搭配了相当数量的毕加索的作品。我不认为这种联合会让您不高兴。

　　吉约姆接下来把马蒂斯逼到了死角，"我已经得到了毕加索的同意。 现在只缺您的了，所以我向您请求同意。 请允许我加上一句，如果您首肯的话，我将能获得赫塞尔先生所拥有的您的几件非常漂亮的作品。"为了让马蒂斯无法回绝，吉约姆还说手册的收益将捐给受伤的士兵。 "我们希望能靠它获得一大笔钱，"他接着说，"相信您不会不给我首肯而让我们无法筹款。"

　　尽管展览中并没有两位艺术家最优秀的作品，但的确很好地表现了他们的风格。 手册中列有 16 件毕加索的作品，其标题都比较宽泛，所以并不能准确地知道会展示哪些作品，但是在时间上跨越了他的蓝色和玫瑰红时期直到最近的立体主义作品，包括 1914 年的《年轻女子肖像》（图 6.5）。 列出的马蒂斯的作品只有 12 幅，但最后一刻又添上了三幅大型作品，所以一共有 15 幅。 （此外，展览中还有两位艺术家的大量水彩和素描。）几乎所有的马蒂斯作品都是人物类的，尽管其中有一些早期作品如《阿尔及尔女人》，但多数都比较新，包括几幅劳蕾特做模特的作品。 最值得一提的是大型的《三姐妹》三联画，该作品现由巴恩斯基金会所有。

　　1917 年底，马蒂斯更新了和波恩海姆画廊的合同。 该画廊当时已经拥有了他的几幅近期作品，其中有几幅交给了吉约姆并在 1918 年的展览中售出。 这让马蒂斯觉得他的主要画商也出卖了他；毕竟他不在尼斯期间，波恩海姆·热那应该维护他的最大利益。尽管没有公开地说过，该画廊的第三间展室里全是非洲艺术品，为两位艺术家都提供了重要的灵感来源。

作为宣传攻势的一部分，吉约姆安排了高蒙公司拍摄展览中一些作品用于新闻片。由于拥挤的展览室里地方狭窄，光线也不好，所以他们选了三幅作品放在画室门口的阳光下进行室外拍摄。其中包括一幅马蒂斯的作品，1916 年的《米歇尔画室》（现为菲利普斯陈列馆收藏），两幅毕加索的作品，1907 年的水彩《男子头像》和 1918 年的《壁炉架上的吉他和单簧管》（两幅作品现都藏于纽约现代艺术博物馆）。因此，这三幅作品的形象出现在了全巴黎的剧院里，和一些时事片段一起播放，如亨利·伯格森入选法国科学院或者美国打破汽车时速记录等。这种互不关联、犹如拼接的图像对立体主义者来说非常有趣。吉约姆还在全城张贴了海报，并将阿波利奈尔的新闻稿和用较薄的纸特别印刷的手册免费发送到了全法国所有的杂志和报纸。

当时，吉约姆已经筹备出版一份名为《巴黎艺术》的杂志，打算在展览后发行第一期。这份内部刊物是今天常见的由画廊赞助的评论与商业共存的杂志的雏形。它的创办是为了给画廊、艺术家和其关系人提供宣传喉舌。该杂志的第一期刊载了媒体对马蒂斯-毕加索画展的反映。从这些反映中，我们可以很清楚地看到马蒂斯和毕加索被认为是年轻的激进艺术家的主要领袖。但是评论的文章是被删减了的，例如画家罗杰·比西埃写了两篇类似的关于画展的文章，两者都对艺术家持高度批评态度。尽管在吉约姆的杂志中两篇都出现了，但选择出版的部分却集中在评论中的正面部分。在其中一篇节选文章中，比西埃肯定了马蒂斯和毕加索不仅被视作年轻人的领袖，而且是"最好的先锋艺术的头脸"。他还说，尽管两人有很多不同，但他们都最希望"对抗在艺术创作中被过度渲染的感性元素，希望将智慧和理性重新带回艺术"。但是，杂志文章中却删除了比西埃认为两位艺术家都被困在一个"墓地"之中，从而对战后出现的艺术家不会有很大影响的部分。 他写道，马蒂斯最近的作品都是程式化和缺乏生命的，而毕加索的作品则像是数学定理，"缺乏任何人类情感"。

*

毕加索对这次画展的看法我们不得而知，但马蒂斯在之后的几个月里都对自己被冷落而耿耿于怀。 甚至在展览开始前，他还从尼斯给吉约姆写信抱怨展览过多地向公众宣传，而他对公众可能的反应感到不安。 他很担心自己在先锋阵营中重新获得的地位会被质疑，而且他还注意到，尽管他和毕加索都被称作是自己时代最重要的艺术家，但他和毕加索之间的年龄差距几乎跨了一个辈分。 "您有没有听说马蒂斯-毕加索画展，"他在 3 月询问自己的老朋友安德烈·鲁韦尔，"我和那个展览里的那种现代宣传手段没有任何联系，而且它还让我恶心。 也许是因为我并不需要它——它无论如何都不属于我的年代。"他又写信给吉约姆，直到 3 月底他还沉浸在人们对两人的首次正面交锋的反应中。

长远来看，这次画展肯定了两位艺术家的重要性。 曾参与命名野兽派和立体主义的路易·沃塞勒认为他们两人的风格显示了现代的焦虑："二十年来，毕加索和马蒂斯一直在狂热地追寻，不停地变形，好像那些被焦虑所折磨的人们。"有关毕加索的立体主义还有一些微词，有一位评论家认为要看懂毕加索的作品，观众需要阅读"已经汗牛充栋的"有关他的资料，并了解那些"流行语"。 但尽管有着这样那样的缺点，展览还是确认了马蒂斯和毕加索一起在某种程度上定义了现代绘画艺术。 很自然的，数年后一位显赫的英国艺术评论家克里夫·贝尔把他们两人看作塞尚的最重要的接班人。 "即便对很少或者从未认真看过一幅绘画作品的人来说，"贝尔写道，"他们也在这十年来充当了现代性的标志人物。"

VII.

欲望之梦

因为你必须紧跟时代精神……如今的主题是地下力量,这些暗涌控制着一切,使人性与主流价值碰撞:那些恶毒的诡计封闭了灵魂,压抑了升腾的性爱烟氲。

——詹姆斯·乔伊斯

随着战事的结束,整个世界似乎也发生了巨大的变化。 人们原本认为现代艺术正在向表现新现实的方向迈进,但此时这种观点已被越来越强烈的悲观和幻灭情绪所动摇。 "每个人都愤愤不平,每个人都焦躁难安,"格特鲁德后来回忆道,"这是一个不安与混乱的世界。"而此时的马蒂斯与毕加索尤其如此。 他们都面临着人生的重要转折点,只是奇怪的是,二人正好调换了角色。 1917年底,布尔乔亚式的马蒂斯离开了妻子和家人,只身前往尼斯,在那里和一群模特过起了阿拉伯式的后宫生活。 次年,波希米亚式的毕加索虽然一直以来游走于各种女人之间,却决定安定下来,步入婚姻殿堂,过上了高调的布尔乔亚式的生活。

*

1917年2月,三十五岁的毕加索(大约和二人相遇时马蒂斯的年龄相仿)与让·科克托一同前往罗马,为俄罗斯芭蕾舞团的《游行》制作演出服和舞台背景。 在那里,他爱上了二十五岁的俄罗斯芭蕾舞演员奥尔佳·科克洛娃。 她虽然可爱,但常常闷闷不乐,心胸狭窄,还假装出身高贵。 她带有浓重俄国腔的法语恐怕只对毕加索有吸引力;她对现代艺术并不感冒,这一点大概刺激了他的自尊心；她拒绝了毕加索的性要求，却正好激起了他的热情。 六月，为奥尔佳痴狂的毕加索跟随季阿吉列夫剧团从马德里转到了巴塞罗那，当演员们前往南美时，奥尔佳留了下来，并决定嫁给毕加索。 而毕加索之所以答应结婚，可能是因为她拒绝在婚前发生性关系，用毕加索的话来说，她是一个"真正的女孩"。 她的处女之身让毕加索觉得她和其他女人都不一样，在女神和平庸的女人之间，她绝对是前者——至少暂时如此。

毕加索对此乐此不疲，他在罗马创作了一系列抒情诗般的画，从中可以看到他的一些矛盾情绪，最能表现他的想法的是 1918 年在蒙鲁日为奥尔佳画的肖像画，当时他们正在准备结婚。 在《扶手椅上的奥尔佳》（图 7.1）中，她倚靠着一张花朵图案的椅子，头发中分，很像英格尔的肖像画风格。 不过这幅画中也有马蒂斯的影子，例如椅子上和裙子上象征女性魅力的花朵图案。 （在一张用来参照作画的照片中，奥尔佳的身边摆放了一对象征生殖力的古波斯神像，毕加索显然在以此暗示她的生殖力。）

图 7.1 毕加索，《扶手椅上的奥尔佳》，1918 年。 130 厘米×88 厘米

这幅画未能完成，但正是这种未完成的做法却颇为引人思考。 奥尔佳和椅子的描绘都非常细致，但人物却漂泊在一片空白的背景之上，在这张"处女"画布上，毕加索加上了断断续续的几笔：有些只是非常抽象的几笔涂抹，似乎象征了他的存在；还有一些集中在人物身后，像是把她包围其中，表面看上去是人物的阴影，但是她的身体和背景是脱离的，阴影的说法似乎站不住脚。 在这块区域中，奥尔佳头部的左侧有一张张开嘴的男性侧

脸，类似 1915 年那幅《小丑》中的男性侧脸——好像毕加索把自己的影子也隐藏在画里，注视着他喜欢的女人。 这幅画的"未完成感"以及奥尔佳冷淡的表情（人物的冰冷和背景的热情把这种感觉衬托得更加明显）暗示了毕加索无论在心理上还是生理上对她的感情都充满了矛盾。

*

1918 年 7 月 12 日毕加索与奥尔佳举行了结婚仪式。 首先举行的是法律规定的民事仪式，接着二人又在巴黎的东正教教堂举行了宗教仪式，科克托、雅各布和阿波利奈尔见证了婚礼的整个过程。 作为一个曾经的天主教徒、一个无神论者，毕加索能够接受一场精致的教堂婚礼，可见他愿意为奥尔佳做出多大的让步。 可惜好景不长，还在比亚里茨度蜜月时（他们住在欧亨尼娅·埃拉苏里斯家中，埃拉苏里斯是一位富有的艺术品买家，而且也可能曾经是毕加索的情人），他们就发现彼此的口味和期待都有诸多不同。 毕加索和奥尔佳相处的时间越长，越觉得她乏味无趣，而且显然缺乏激情。 他在比亚里茨给阿波利奈尔写了许多信讲述自己的不安情绪，其中一封信中写道，"我事实上并不快乐。 像我之前跟你说的一样，我在工作，但请多给我写几封长信。"

这段时间里，与阿波利奈尔的友情是毕加索的重要精神支柱。 11 月 9 日，就在战争结束前两天，饱受伤病困扰的阿波利奈尔死于流感。 四天后，毕加索和奥尔佳搬到了拉波埃蒂街的新公寓中。 这套房子位于左岸艺术馆的中心，宽敞雅致。 （阿波利奈尔在最后一篇日记中写道："去参观毕加索在拉波埃蒂街租下的新公寓。"）不论好坏，毕加索决心按照奥尔佳的意愿过她所期望的生活。

1920 年代初期，毕加索开始关注社会和文坛。 他被马塞尔·普鲁斯特写进了文章中，结识了詹姆斯·乔伊斯，还为优雅的买主和画商创作了多幅肖像画。 他日进斗金，但也挥金如土。 这时的他打扮得像个"富商"，穿着西装，系着领结，还会带上白色的手帕和纯金的表链。 于是人们开始对他议论纷纷。 莫里斯·萨克斯描述了毕加索在一家时尚俱乐部里的行为举止，"恶意满满的声音配上亲和力十足的笑脸，愉悦和幸灾乐祸的笑声交替响起，时不时蹦出一句揶揄人的俏皮话，抽在人身上像鞭子一样疼"。毕加索很快意识到他和奥尔佳在许多生活习惯上都互不相容，于是在搬到拉波蒂埃街的公寓后不久他就买下了楼上的房间当作工作室，以便不受干扰地工作。"把这五间房变成他的私人角落：其实算不上什么工作室……更像是一个个相连的回音荒漠，大理石壁炉和壁炉上的镜子让这些房间看起更加空旷，一副荒废已久的样子。"不过对于这对"貌合神离"的夫妇而言，这也不失为一个不错的选择，毕加索对奥尔佳失去兴趣后可以继续在这里工作。

*

　　早在 1915 年，毕加索就开始细致地描绘现实主义题材。到了 20 年代，他的作品在成熟的新古典主义和更加平面而抽象的合成立体主义之间摇摆不定。尽管对当时很多人来说，风格的多样化只是来源于他善变的性格，但他往往是看哪一种表现方式更加适合表现画的主题。两种不同的绘画语言正好也符合他双面的性格。古典风格的绘画，例如《泉边三浴女》（图 7.2）倾向女性题材，平静而安宁，而且类似风格早已深入人心。立体主义的作品，例如《三个音乐家》（图 7.3）倾向于表现不安和焦虑的情绪，而且表明他依然是"现代画家"的身份。

　　1921 年夏天，毕加索为枫丹白露宫工作的时候创作了多幅风格迥异的大型作品。他画了两个版本的《泉边三浴女》，画中人物结实的身材和古典款式的衣服不禁让人联想到"三女神"或"帕里斯的评判"[1]这样的宏大题材。不过这幅画的主题却着实令人费解，无法清楚地解读，只有往阴茎形状的水瓶内装水象征繁衍生息这一点较为清晰。象征生殖力的女性与土地和谐共处，肯定了生命的延续和主流的文化价值观。毕加索在儿子保罗刚刚出生时选择这样的主题，对他来说一

1　帕里斯的评判：希腊神话中特洛伊战争的导火线。

图 7.2 毕加索，《泉边三浴女》，1921 年。 203.9 厘米×174 厘米

定别具意义。

毕加索同样也画了两个版本的《三个音乐家》（图 7.3），都张力十足，还透着一股骇人的邪气。 《三个音乐家》和《泉边三浴女》的两个版本是创作于同一时期，而且从后来发现的毕加索工作室的照片来看，他当时确实来回游走于古典主义和立体主义两种风格之间。 《三个音乐家》中如同爵士乐一般的视觉节奏呈现出极为现代的风格。 画中的三个男性人物加上嵌入的法式喜剧演员，表现出与宁静安详的《泉边三浴女》完全相反的氛围。 这幅画里可以看到许多天马行空的变形手法，比如乐器里加入了一个人头侧面像——这是毕加索后来经常使用的视觉双关语。 形式的不规则排列和比例的失调（例如小丑的左手故意被画得非常小，

图 7.3　毕加索，《三个音乐家》，1921 年。 203 厘米 × 188 厘米

以至于看起来根本就握不住琴弓）使画面看起来如同一首极不和谐的断奏曲。

　　在这幅画中，毕加索使用剧团人物作为主角，但实则暗指自己的私人生活。小丑是画家自己的替身，这也是他从 20 世纪伊始一直使用的伪装手法。 吹笛子的表演者则是吉约姆·阿波利奈尔的替身，他吹奏的管乐器也是一个双关，暗指他平时爱抽的烟斗。 而修道士指的是皈依宗教的马克斯·雅各布。 1921 年夏天，毕加索一定很想怀念一下这两位年轻时的挚友朋友，此时二人已从他的生活中消失。那年五月，他接受委托组织了一次悼念阿波利奈尔的活动。毕加索开始创作《三个音乐家》后不久，雅各布进入贝尼迪克坦修道院修行，从犹太教转而信仰天主教，毕加索是他的教父。但近几年来，雅各布穷困潦倒，创作上也毫无建树，因此毕加索对这位诗人朋友日渐疏远。毕加索在儿子保罗出生后，没有请雅各布作为他的教父，这让雅各布感到很受伤。那年夏天二人最后一次见面时，雅各布彻底崩溃了，他哭着说毕加索对他来说比阿波利奈尔更像个死人。《三个音乐家》无论是在心理上还是风格上都与《泉边三浴女》完全不同，毕加索在画中象征性地把三个朋友重新聚到一起，似乎意味着他们的最后一次见面。这是一次大师间的即兴演奏，一次次的高潮唤醒了那些孤独的灵魂。

在毕加索与奥尔佳一起生活的前几年里，雅各布不是唯一一个被他疏远的朋友。战后他与格特鲁德·斯坦的关系也出现了裂痕。尽管他们最终和好并且一直保持良好的关系，直至斯坦去世，但是他们之间再也回不到过去了。如今的毕加索开始讨厌斯坦还用以前的眼光看待自己，还把他看作是被她挖掘的"新星"。（马蒂斯也与斯坦关系破裂。由于斯坦放弃了对他的收藏，他一直以来就心怀不满。1914年，斯坦打破承诺，答应帮助胡安·格里斯，从此马蒂斯拒绝再见格特鲁德。）

凭借高超的技巧，毕加索能够自如地驾驭各种相互冲突的风格，而且他对这种画法投入了大量的精力——这也再次证明了他对不同画法的任意性具有超乎寻常的敏锐感。事实上，他是第一位坚持实践绘画表现手法的任意性的西方画家。从他的整个艺术生涯来看，对任意性始终如一的坚持正是他最先锋、最原创的观点之一。在他之前的艺术家，例如塞尚和凡·高，曾经在他们的作品中使用系统性的"扭曲变形"手法，但他们把这种做法看作是一种直接表现个人想象中的"真实"的方法。与毕加索同时代的画家，包括马蒂斯，遵循了这一传统。马蒂斯在1905年到1918年间的多种风格已经摆脱了对绘画题材的直接视觉反应，但算不上人为的或者任意的。

　　而毕加索坚持认为表现真实可以使用很多种方法，而且每种方法都是人为的。 对他来说，艺术家可以选择任意一种视觉语言，并且无论用哪种都可以宣称表现的是真实。 此外，各种绘画模式或者风格的表现力都是天然蕴藏在这种风格本身中的。 例如立体主义各个阶段的风格呈现的都是动荡不安、完全没有延续性的世界。 这样的世界中，真相往往不是表面看来的样子。 与之相反，他的新古典主义风格表现的是一个平静安宁的世界，文化和形式的延续性得到了很好的体现。 （即使是现实主义作品，毕加索也采用了大量的夸张变形，例如不成比例的粗壮四肢和头部，同样让人意识到绘画表现方式的人为性。）在这段时间，毕加索非常投入地研究如何采用不同的风格来象征对于真实的不同观点。 就在此时，他说了那句名言："艺术就是谎言，它让我们意识到什么是真实，至少是让我们理解的真实。 艺术家必须知道如何让别人相信他的谎言的真实性。"

　　马蒂斯的生活进入了一个新的转折期。 在尼斯，他开始是住在一家旅馆里，这里既是生活的地方也是工作的地方。 与他在巴黎宽敞而且条件完备的画室相比，这里完全是天壤之别。 他的幽闭恐惧症在《自画像》（图 7.4）中显露无遗。 这幅画创作于尼斯生活的初期，画中他坐在椅子上，手持调色盘和画笔。 地板上的旅行袋暗示他在此地是短暂停留，靠在旅馆梳妆台边的雨伞让人联想到屋外的情景，甚至是天气的变幻，更加衬托出封闭的感觉。特别引人注意的一点是他拿调色盘的那只

图 7.4　马蒂斯，《自画像》，1918 年。
65 厘米×54 厘米

手握住的那支笔的位置（紧挨着粗壮的大拇指），笔正好在裤裆之间，像一只勃起的阴茎。 大拇指和画笔代表的性暗示和画家中年男性的形象——西装笔挺，专心工作——形成了显著的对比。 尽管看似平静，这幅画却暗藏几近残忍的特质。它是 1918 年的马蒂斯的真实写照，集中表现了画家结实的身躯、被动的姿势、全神贯注的神态和平静表象下的动物性，这一切呈现出一种坦诚到令人不安的感觉。

　　在尼斯的最初几年里，马蒂斯开始直接面对那些一直以来困扰他的问题，并且把这些主题画进了画里。 这些画里充满了厌倦、幽闭恐惧症、疏离感和性渴望。 尽管他可以自信地说，在过去十年里他的成就比任何人都高——可能除了毕加索——如今，在他人生的第四十九个年头，他却卡在了瓶颈。 如果说过去他把个人感情融入了热烈的绘画创作中，那么现在他必须冒险直接面对自己的不安感和之前被忽视的欲望。 如此一来，他可以回归到一种更加平实的描绘方法。 他现在的这些作品更加质朴，但他发现抽象的节奏和集中的张力迫使他不得不放弃一些东西，比如"形式感和空间深度，还有丰富的细节"，如他自己在 1919 年的一次访谈中所说，"现在我想把所有东西都整合起来……我想同时兼顾特性和共性，把我的所看所想都提炼到同一个主题中"。

*

　　尽管马蒂斯定期返回巴黎而且继续在巴黎展出他的作品，他的生活重心却逐渐转移到尼斯，在那里他为自己营造了一个属于他的小世界。 这个世界充满了女性的气息，他的创作也转为以描绘女性为主。 在他以往的作品中，人物往往被置于抽象或者笼统模糊的背景中。 现在他选择把女性置于某些特别的场景中——通常来说是非常女性化的空间，例如法式风格的酒店房间，布满花朵图案的墙纸，带有强烈的装修风格，厚厚的蕾丝窗帘温柔地渗过一些地中海阳光。

　　为了创作这些作品马蒂斯需要真正的女人。 最初的几个月里，他曾经和好几个模特合作，她们身材各异，马蒂斯很是为她们着迷。 且不论他是否真和她们发生过关系，他当时的工作室确实好比后宫。 在公开场合他对这些女人的评价通常都是笼统而单纯的，就像他后来描述对奥斯陆宫廷侍女主题的幻想那样：

> 仔细观察这些侍女：阳光闪耀，压倒了色彩和形式。这里有东方情调的室内装饰、挂饰和地毯、奢华的服装、肉体散发的欲望、等候享乐的慵懒面孔、仪式感十足的午睡时光，这一切使得阿拉伯图案的张力达到顶峰。色彩不会欺骗我们：我总是拒绝语言的复述。在这种慵懒的氛围里，所有的人和事物都沐浴在舒适的阳光中，如文火慢烧一般酝酿着画面的张力，一种各种元素相互影响、互动而生的特殊画面张力。我有意缓和这种张力，试图给人舒适安宁的印象，既奢华又不失亲切的恬静感。

不过偶尔他也会放下戒心，在一封写给友人的信中，他表现出对女人肉体的喜爱，"她是个身材高大的女孩，"他说起了一个新来的模特，"很丰满，两个乳房简直就像两升基安蒂酒瓶！"

这一时期，马蒂斯开始越来越多地为同一位模特作画，就像之前他为劳蕾特所作的一样。 马蒂斯创作女性题材的方法与毕加索不同——这与他直接用模特作画的方法有关。 与之不同的是，毕加索通常是凭记忆创作，因此他笔下模特的形象基本类似。 而马蒂斯则注重强调模特的可变性——模特们也拒绝类型化。 所以即使在几幅作品中出现的是同一个模特，她也往往表现出不同的性格。

例如1918年底，马蒂斯与一位深色头发的模特安托瓦妮特·阿尔努交往甚密。 像当初对劳蕾特一样，他为安托瓦妮特画了很多画。 画的风格相当写实，尤其表现了她多方面的性格和光芒四射的性魅力。 和劳蕾特一样，她有一头丰盈的深色头发。 马蒂斯为她画了许多不同发型的作品，他还特别喜欢为她穿上各式各样的衣服。 著名的《白色羽毛》系列就是由她担任模特的，马蒂斯为她即兴创作了一顶插满丝带和羽毛的帽子。 画中她的性格变化极大。 1919 年夏天，他们的关系非常亲密，以至于马蒂斯把她带回了巴黎。 在依西的花园里，他把安托瓦妮特和他的女儿玛格丽特画进了同一幅画里。 这幅画叫作《茶》，画中玛格丽特紧张地望着桌子下的狗，而正在挠痒痒的狗看起来有些滑稽，带着一丝讽刺。 狗可以算作是画家的替身了，和他一样难以控制自己。

*

1920 年，马蒂斯开始和一位名为亨丽埃特·达里卡雷尔的女模特合作。 从此时开始，在他的作品中，感官性的描绘大大增加。 以亨丽埃特为模特的数幅画作也呈现出她多样的性格，从性感的宫廷侍女到年轻的布尔乔亚，她像女演员一样扮演了各种各样的角色。 在一幅作品中，马蒂斯甚至描绘了她和她的两个弟弟下棋的场景，类似的场景还曾出现在马蒂斯描绘他两个儿子的画作《画家的家庭》（1911 年）中。 事实上，马蒂斯早年在尼斯的这段时光可以称作是他的"亨丽埃特时期"。 她像家庭成员一样，成为了马蒂斯的御用模特，并在接下来的七年里相伴其左右。

马蒂斯这一时期的绘画作品来自他对变幻莫测的情绪的感知。 通过冥想，他能够极其敏锐地探知亨丽埃特复杂多变的情绪。 她通常打扮成奥斯陆宫廷的侍女或是一丝不挂，而画家也将对性的幻想融入侍女这一系列的作品里。 在想象的宫闱中，他所绘画的女性给他带来性的愉悦，画家既沉醉于此，又同时将这种欲望升华为美好的艺术品。 带有东方神韵的模特为绘画作品的异国情调提供了场景和心理想象的空间，这一特点与 19 世纪的大师安格尔和德拉克洛瓦极为类似。

这类作品的典型代表就是《抬膝而坐的宫女》（图 7.5）。 在这幅画中，平面而抽象的背景装饰与宫女极具感官冲击的身体形成鲜明的对比。 马蒂斯以精湛的技艺描绘出富有质感的胸部和薄如蝉翼的裙裤。 和马蒂斯这一时期的许多作品一样，这幅画将阿拉伯摩尔人的主题融入法式的布尔乔亚背景中，营造出一种混合着本土和异域风情的奇特氛围。画中明显可以看出是法国人的模特身着性感的宫廷服饰，额头配有一小块仿刺青图案，坐在法式扶手椅中，房间里装饰着具有摩尔人风格的法式墙纸。 这幅画若是由功力稍逊的画家来画，恐怕会看起来荒诞可笑，但马蒂斯却能将这些毫不相干的元素糅合得栩栩如生、摄人心魄。

图 7.5　马蒂斯，《抬膝而坐的宫女》，1922 年。46.5 厘米×38.3 厘米

　　亨丽埃特充当模特的作品还包括一系列展现"欲望之梦"姿势的卧式裸体画。通常画中的背景是某种花朵图案，类似《蓝色裸体》中的植物的作用。 （在创作 1922 年的作品《抬起左臂的卧式裸女》时，马蒂斯甚至还拍摄了照片，并希望这种做法在十多年后成为一种普遍的创作形式。）这些作品中最出色也是最广为人知的当属那幅充满异域风情的《宫女与木兰花》（图 7.6）。 位于画作中心的是散发着诱人气息的女性裸体，下方是一盘水果，上方则是一束紫罗兰花形的图案，两朵绚烂的木兰花从中绽放，鲜明地象征了女性气质。 过去马蒂斯曾用装饰性元素来代替中心题材的特征，但是现在他特别钟情于此，表现方法也更为直接。 1908 年至 1917 年间，他曾根据雕塑《卧式裸体》创作抬起手臂的卧式裸女绘画，而现在他让亨丽埃特摆出这种姿势，并直接依此作画。 亨丽埃特也成为了"欲望之梦"的化身。

　　人们对马蒂斯这一时期的作品反应不一。 他有一帮坚定的支持者，为他的风

图 7.6   马蒂斯，《宫女与木兰花》，1923 年。65 厘米×81 厘米

格转变辩护。 但更多的人并不认可他的变化，对他创作质量的下滑感到失望。
早在 1919 年，马蒂斯首次在巴黎展出尼斯作品时，让·科克托就批评过他的这种
新保守主义。 "阳光下的野兽已经变成了博纳尔[1]的小猫，"他这样写道，呼应了
毕加索对博纳尔的厌恶。 科克托还说，尽管马蒂斯已经超脱了印象主义的色彩和
光线应用，但他现在又陷入了印象派所依赖的"转瞬即逝的日光"。 他认为这种
向一种新的形式主义倒退的现象之所以会产生，是因为马蒂斯的创作"没有一个
基本的原则，没有像塞尚和其他前辈那样采用某些隐藏的几何图形"，这显然是
指立体主义。 更加火上浇油的是，科克托说，当他从画廊出来的时候，他发现自
己正在哼阿波利奈尔著名的诗歌《虾》，诗的最后一行是"倒退，倒退"。 这句
话正好抓住了野兽的不安。 马蒂斯有理由相信是毕加索怂恿科克托说这么一番话
的，但是即使是较为中立的旁观者，例如弗里茨·范德普尔，也曾这样评价马蒂
斯，说他"肤浅的内容和品位似乎是在用有些孩子气的方法对抗未来"。

---

1 博纳尔：(1867~1947) 法国画家，画风具有东方趣味，并受印象主义影响，作品颜色鲜亮。

20世纪 20 年代初，马蒂斯和毕加
索之间没有直接联系，可能也并不关心
彼此的创作。 但是 1926 年时，马蒂斯
的女儿在一封信中提到了毕加索。 马
蒂斯回复说："我很多年没见过毕加索
了……我也不想再见他……他是个埋伏
在草丛里的匪徒。"马蒂斯之所以有这
种感受是因为毕加索最近盗用了他的一
些创作题材，特别明显的是奥斯陆宫女
风格的《拿手鼓的女人》（1925 年）和
一系列静物画。 这些静物画采用平面
构图，色彩鲜艳，通常画的都是窗边的
场景。 （马蒂斯不是唯一一个注意到
这些联系的人。 1920 年，保罗·罗森
伯格催促毕加索赶在马蒂斯"把所有的
东西都画完了"之前去一次尼斯。）马

图 7.7　毕加索，《三个舞者》，1925 年。
215 厘米×142 厘米

蒂斯也有理由认为毕加索的《三个舞者》（图 7.7）盗用了与他相关的题材，画的
构图让人联想到《金莲花与"舞蹈"Ⅱ》（图 5.10）——这幅画曾是毕加索的新朋
友安德烈·布莱顿的最爱，他曾经在自己的墙上挂过一幅复制品。

《三个舞者》为毕加索的作品带来了一股新的暴力浪潮，也标志着他彻底从
新古典主义转向表现复杂的心理层次。 这幅画还在毕加索与布莱顿和超现实主义
者之间的关系上扮演着重要的角色。 它刊登在出版于 1925 年 7 月 15 日的《超现
实主义革命》中。 这本期刊上刊登过布莱顿的重要文章《超现实主义与绘画》的
第一部分以及五幅毕加索的作品，包括《亚威农少女》和这幅刚刚完成的《三个

舞者》（后来改名为《在窗边跳舞的年轻女孩》）。 这幅反古典主义、反布尔乔亚的作品显然受到《亚威农少女》的影响。 经过布莱顿的安排，《亚威农少女》被卖给了时装设计师雅克·杜塞，布莱顿对《亚威农少女》的热情似乎刺激了毕加索，让他下决心向更加前卫的方向发展。 和《亚威农少女》一样，《三个舞者》也是一幅毕加索在失控状态下仓促完成的作品，充满了不和谐的形式和粗野的画法，画面左边的人物尤为如此。 但是和《亚威农少女》一样，他也促使毕加索走上了一条雄心勃勃的革命之路。

《三个舞者》不仅汇集了不同风格的声音，还包含了一系列复杂的历史和象征意义。 其中一种声音是嘲讽。 它讽刺了一些传统题材，比如"三女神"，而且恶搞了让·巴普帝斯蒂·卡尔波在巴黎歌剧院前的雕塑《舞蹈》。 另一种声音是悲剧。 位于画面中心的人物双臂张开，和她两边的舞者一起构成了耶稣受难的造型。 毕加索在创造这幅画时，一定想到了马蒂亚斯·格吕内瓦尔德的《耶稣受难图》。 还有一种声音是怨恨，当然原因是相当个人的。

事实上，这幅画的构图是基于一张拍摄于 1916 年的照片，照的是奥尔佳在《精灵》中的表演。 1919 年，毕加索根据这张照片画了一幅画，包括奥尔佳和另外两名舞蹈演员。 在画中，奥尔佳位于左侧，所以她应该是《三个舞者》中样子看起来最奇特的那个的原型。 过去几年来，她与毕加索已经逐渐疏远，时常互相激怒对方的行为已经转变成了长期的怨气和难以平复的爱恨交加。 左边的舞者是画家用力地涂在画布上的，这种暴力的元素让人联想到《亚威农少女》中那些"非洲"脸孔。 她的样子看起来特别恐怖诡异，锯齿状的牙齿使她面具一般的脸看起来尤其可怕。 （她所体现的绘画技巧也是最高的——看起来既透明又不透明，既抽象又具有丰富的光影细节。） 因此，这幅画也是他的"驱魔"作品之一。和他生活的女人在这幅画里占有重要的地位。 画中的不和谐元素，包括用粗暴的方式描绘"现代"舞蹈，都被认为是对奥尔佳保守品位的正面攻击。

　　三名舞者似乎代表了三种不同的舞蹈：左边是混合了酒神节狂欢的现代舞；中间是混合了弗拉明戈的芭蕾舞；右边则是某种民间舞蹈，也许是加泰罗尼亚的萨达纳舞。右边的舞者隐藏了两张侧面像，这种修辞手法和 1915 年的《小丑》（图 6.8）如出一辙。对于舞者的二元画法令人特别注意到这些恼人的女人们和她们平庸内心之间的强烈对比，似乎在暗示这出舞蹈的情绪爆发就是要把她们的内心摧毁。这幅画就是针对一系列事物的毁灭和攻击：古典舞蹈，1919 年奥尔佳的那幅画，以"三女神"为主题的画，爱情的艰难，也许甚至还针对了马蒂斯那些肯定生命的舞蹈。（十年后，毕加索对克里斯蒂安·泽尔沃斯说："对我来说，一幅画就是一堆毁灭。"）

　　毕加索本人声称他的这幅画与老朋友雷蒙·皮乔特有关。他们在巴塞罗那时就已经相识，毕加索 1900 年第一次来到巴黎时就是与他结伴。在卡萨吉马斯自杀后一年，他便娶了热尔梅娜·加尔加略。在 1905 年的秋天沙龙上，他的画曾经和马蒂斯的《戴帽子的女人》挂在同一间房间。他还参加了 1908 年毕加索为亨利·卢梭筹备的宴会——在宴会上皮乔特模仿了受难耶稣。也许画中位于中间位置看起来像被钉在十字架上的舞者指的就是皮乔特。在他旁边的是毕加索的另一位老朋友卡萨吉马斯，毕加索把他看作是殉道者。毕加索一直认为热尔梅娜应该为卡萨吉马斯的死负责，觉得她是个蛇蝎美人，而且认为她还毁掉了皮乔特。多年以后，1944 年时，毕加索甚至带着弗朗索瓦丝·吉洛去见年老色衰的热尔梅娜·皮乔特，还把她当作教学课的道具。他是这么说的："她已经老了，牙也掉光了，现在穷困潦倒。但是她年轻的时候非常漂亮，她折磨过我的一位画家朋友，以至于最后他自杀了……当年许多人都会忍不住为她而回头，但是你看看现在的她。"

　　毕加索创作《三个舞者》时听到了皮乔特的死讯。他后来说这幅画反映了他得知皮乔特死讯之后的痛苦心情，而且皮乔特的侧影出现在画上，"画面右边靠窗的阴影"。 既然画面右边的人是皮乔特，那么有理由相信左边那个诡异的女人指的就是热尔梅娜。

　　事实上，这幅画中的人物可以有多重身份。 左边的人物与热尔梅娜和奥尔佳有关，右边的人物也不仅仅是指雷蒙·皮乔特而已。 首先，本质上来说，画上的人是个女性，所以只是部分或者象征性地用来表现皮乔特，而不是直接的描绘。皮乔特留着山羊胡，样子很特别——很像毕加索父亲留的那种。 不管怎么看，那个舞者的侧影一点也不像皮乔特。 相反，这个舞者的影子倒是让人想到毕加索表现自己的方法——颇似 1918 年那幅《奥尔佳肖像画》中毕加索把自己隐藏在影子里的做法，后来他在 1929 年的《女子半身像与自画像》中也使用了相同的手法。在这幅画中，他影子般的侧影就放在奥尔佳大声尖叫的形象旁边。

　　毕加索、皮乔特和卡萨吉马斯；奥尔佳和热尔梅娜。 他们都没有在《三个舞者》中有直接的表现，但是他们五个人都被融入了这幅跳跃的画面中。 这让我再次意识到当毕加索想用某一种绘画语言表现多种甚至互相矛盾的现实时，他的想法有多么复杂。 他创造了一种新风格，把这些可怕的女人和痛苦的男人的双重身份融合在一个人物上——热尔梅娜/奥尔佳，皮乔特/卡萨吉马斯，皮乔特/毕加索。通过这种方法，他似乎在质疑人物身份形成和维持的过程，并且思考人的角色和行动在一生中如何纠缠重叠。 在这幅画中，毕加索采用了多重形象的画法，呼应了人生经历复杂和矛盾的本质，用绘画符号表现出心理和情感过程的复杂性。

*

　　创作《三个舞者》期间，毕加索开启了人生中最重要的阶段之一。 这时他遇到了一位如雕塑般美丽的年轻女子，她的名字叫玛丽-泰蕾兹·沃尔特。 她在毕加索的艺术创作及其与马蒂斯的关系中都扮演了非常重要的角色。 关于他们第一次相见的时间存在很多争议，尽管很多人认为这段恋情始于 1927 年初，但事实上他们很有可能相识于 1925 年初，当时玛丽-泰蕾兹还不满 16 岁。 （如果他们初次见面确实是在 1925 年，那么他对新欢的爱恋可能也是创作《三个舞者》的动力之一。）由于她尚未成年，毕加索更希望把这段关系隐藏起来，秘密进行。 因为他的妻子奥尔佳嫉妒成性，而且和未成年女孩发生性关系很可能把他送进监狱。 早在 1925 年，毕加索的作品中就曾出现过和她有关的画面，但多年来她的面容总是难以分辨。 直到 30 年代，毕加索才开始直接表现对她的喜爱。

1932 年，毕加索对评论家泰里亚德说，他的创作就是"一种写日记的方式"，这时他心中想的很可能就是玛丽-泰蕾兹。 他的近期作品都带有很强的自传性质——有些方面隐藏得非常深，但如果对他有一定了解的话，有些方面是很容易解读的。 事实上，玛丽在 1935 年就为他生下了一个女儿，但直到 1964 年弗朗索瓦丝·吉洛出版《与毕加索生活》后，她的名字才被世人所知。 此后，正式的说法是，1927 年 1 月 8 日，毕加索在巴黎老佛爷百货门前第一次见到她（对很多人来说，这个说法呼应了 1926 年 10 月 26 日布勒东与娜嘉的那场著名相遇，完美示范了超现实主义者推崇的"疯狂的爱"。）最终玛丽-泰蕾兹的说法支持了毕加索的版本，她的讲述刊登在 1968 年的《生活》杂志上，她证实说，"我认识毕加索的时候 17 岁，我还是个天真的小女孩，我一无所知——对生活，对毕加索，更是如此。我当时正要去老佛爷百货商店买东西，毕加索看到我从地铁口走出来。 于是他抓住我的胳膊，对我说：'我是毕加索！ 你和我将会做一些很棒的事情。'"很快，她就成为了毕加索创作中很重要的部分。 她的影响比其他任何一个女人更直接，更有力，不仅在绘画风格和创作题材上，还在毕加索与周围的人的关系上，特别是与马蒂斯的关系上。

*

玛丽-泰蕾兹身材高大健美，自信美丽，散发着迷人的女性魅力——她的外形颇有几分类似费尔南德·奥利维尔。 很多人对她的印象都是亲切大方，教养良好，是个"年轻的金发美女，皮肤白皙，健康，爱好运动，是个良好的伴侣，安静但又开朗"。尽管她算不上特别聪明，但她不爱索取，用情很深，对毕加索的财富或名望没有任何企图，而且"从心底里藐视一切繁文缛节"。热情大方，不谙俗事，纯真朴实，她简直就是超现实主义者一直追求的天生的，或者说"原始的"女性类型，无拘无束，乐于接受一切新鲜事物。她刚认识毕加索的时候，还和母亲一起住在巴黎南部的郊区。尽管知道毕加索已经结婚了，但她还是答应了两天后的约会。她后来说："我和家人住在一起，所以我不得不一次又一次对他们撒谎。我说我是和某个女性朋友一起，这样我才能去见毕加索。我们一整天都在说说笑笑，开心地分享我们的秘密，享受一种非布尔乔亚的爱情，一种波希米亚式的爱情，远离毕加索认识的那些人。"

他们的关系就像捉迷藏，这种方式很快也被用到了毕加索的创作中。最早出现她形象的作品不是油画，而是以乐器为主题的几何线条铅笔画。毕加索把她名字的首字母缩写 M－T 画进了画中。这一举动多少带着年轻人的稚气，就像个小男生，把暗恋女孩的名字缩写画在笔记本上。能确定创作时间的最早的作品是一组创作于 1925 年 11 月的画，一共有 4 幅。一如毕加索的风格，画面的焦点是乐器的音孔，显然是用来暗指阴道或者肛门——后者常用星形的形状来代替，这一做法在他的作品中反复出现，直至其生命的终点。1926 年，毕加索创作了一系列表现玛丽-泰蕾兹面部和肩部的炭笔画，而且画中她的面容（现在看来）很容易识别。1926 年 1 月，毕加索完成了《服装设计师的工作室》。这是一幅采用浮雕式灰色装饰画法的大型油画，画家使用了大量反复、破碎的曲线线条。现在人们通常认为他画的是玛丽-泰蕾兹在母亲的工作室做缝纫的情景。接着，他又创作了另一幅灰色色调的大型作品《画家和模特》。他在画中应用了大量环状粗线条，这些线条不停旋转，而不是勾画人物的轮廓，导致这幅画很难解读。

毕加索此时在为巴尔扎克的《无名的杰作》绘制插画，他之所以在近期的作品中采用线性风格，很大程度上与绘制插画时使用的符号系统有关。《无名的杰作》讲述的是一个 17 世纪的画家法兰霍夫的故事，他花费了数年的时间努力创作一幅杰作，但最终因为用力过度，这幅画变得乱七八糟，无法解读。《画家和模特》的模糊性似乎是毕加索有意为之——他既想表现又想保护这段地下情（或者说是秘密地表达）。如果说画面左边的图案指的是玛丽-泰蕾兹，那么画面中心那个巨大的看起来像脚的图案指的就是画家法兰霍夫失败的作品。

毕加索一边用复杂的曲线图案系统创作这两幅大型油画，一边还在创作一系列以吉他为主题的拼贴作品。他竟然用绳子、钉子和布片呈现出混合着性欲和邪恶的作品。毕加索甚至想过加上刀片，"这样，想要拿起它的人就会割伤手指"。尽管这些举动通常被认为是"用一种悲伤的语言来表现侵略性的爆发"，但事实似乎更加复杂。这些画面既暴力又温柔，带有诡异的性爱元素——像带着性暗示的纪念品。毕加索在这些作品中混合了爱与愤怒、温柔与哀伤，他为此投入了大量的精力。似乎他想寻找一种途径来表现爱和欲望的力量，但是同时又需要为这些情绪加上一道密码。此外，他一定非常享受采用超现实主义者的方法击败他们。他的一部拼贴作品《吉他与编织针》一完成就刊登在了 1926 年 7 月 15 日出版的《超现实主义革命》中。

毕加索一边赞颂着玛丽-泰蕾兹，一边攻击奥尔佳，这让他更加沉醉于爱与暴力的纠缠。嫉妒成性的奥尔佳意识到有些不对劲，她总是怒气冲冲，甚至对着沉默不语的毕加索歇斯底里地大喊大叫。（和马蒂斯的《对话》太不一样了。）毕加索 20 年代末的很多作品描绘的都是一个怪物般的女人，她张着大嘴，头部线条凌乱，让人联想到她发自内心的歇斯底里。这其中最著名的作品是 1929 年的《女子半身像与自画像》，画中女人可怕的头部——头发乱飞，龇牙咧嘴，舌头就像一把锋利的武器——和男人平静的头部图案形成对比。在毕加索的生活舞台上，曾经如冰雪公主般纯净的奥尔佳，如今已经变成脾气暴躁的泼妇。

尽管毕加索有时会闯进马蒂斯的领域，比如他也会把静物画的场景放在窗前，或者像在《三个舞者》中那样使用墙纸和窗口的背景，但是马蒂斯似乎并没有太在意。但是随着毕加索越来越多地在作品中加入玛丽-泰蕾兹的形象，情况发生了变化。早在1927年，他就开始提亮色彩，并且使用花朵和墙纸题材，让人联想到马蒂斯的那些坐式女人像。由于对玛丽-泰蕾兹的感情越来越深，他开始看到马蒂斯画中的东西，并借以表达自己的心情。

起初这种借用似乎让毕加索感到很不舒服，每当提到马蒂斯的时候，他总是出言讥讽，似乎有意拉开感情的距离。在1927年的《扶手椅上的女人》中，他将人物的肢体夸张变形，采用重叠的侧面像，把马蒂斯常用的题材转化成了一种完全不同的图画。确实，毕加索此时对马蒂斯的感情可以称得上是爱恨交加。而远在尼斯的马蒂斯正在专心作画，完全把自己当作了"后宫"的苏丹，沉醉于创作那种技巧纯熟但缺乏深度的"经过过滤的性欲"，因此毕加索及其同伴常常取笑他虚伪。更糟糕的是，马蒂斯陷入了19世纪那种已经过气的画法中，除了性爱还是性爱，他画这些宫廷侍女的方式与当年的英格尔和德拉克洛瓦一样。这一切太荒谬了。而同一时期的毕加索心中充满了爱意和无法控制的欲望，但是找不到足以表达情感的方法。后来，有时他会用一种热情的古典主义风格来表现玛丽-泰蕾兹，但这时他还没能想到。他不想像马蒂斯那样，重新回到那种过气的保守风格，因为他自己也是刚刚从中摆脱。此外，由于这是一场不伦之恋，他不能冒险用现实主义的方法描绘玛丽-泰蕾兹，即使其实他心中很想这么做。

毕加索的真正转折出现在1928年。当时他正在向两个方向发展：一种是采用新方法表现女性身体；另一种是探索更加抽象的空间。那年夏天，他创作了一系列女性形象。在这些画里，女人的身体是扁平的，像剪影一样浮在画的表面，身体的各部分都被夸张地重新组合了，有时肚脐、眼睛、鼻子、嘴和阴道的位置完全错位，以至于乍看之下无法分辨到底是身体的什么部位。在裸体绘画的历史上，这些形象是相当离经叛道的，因为毕加索把重点放在了女人的肛门上——这在裸体绘画中几乎从未被描绘过。 不仅如此，毕加索还特别强调了这个部位，因为通常他会把肛门画在阴道的位置上。 对肛交的暗示如此强烈，以至于只有这种高度抽象的表现形式才能避免使这些画看起来太过猥琐——或者说几乎避免了。当毕加索想在保罗·罗森伯格的画廊展出其中一幅作品时，这位画商严词拒绝了，他冲着毕加索喊道：“我再也不想在我的画廊里看到屁眼了。”

人们常常引用这件事说明罗森伯格想极力控制毕加索作品的可销售性。 但事实上，毕加索经常故意在画中打破社会禁忌，他的做法甚至常常令超现实主义者们望尘莫及。 当他们还在大谈特谈什么性爱喜好，或者该有什么喜好时，当他们在文章里长篇累牍地谈论爱情和性的时候，毕加索已经在公众面前炫耀他的嗜好了——而且几乎不加任何掩饰。 如他自己所说，只有画不成画时，这幅画才是可耻的。

*

随着毕加索与马蒂斯的对抗重新拉开帷幕，马蒂斯也开始转变自己的风格。 1926 年初，他完成了《装饰背景中的装饰人物》（图7.8），并在那年五月的杜伊勒里沙龙上展出。 这幅画被广泛认为是马蒂斯艺术创作上的一大发展，当时吸引了很多人的关注。 尽管毕加索本人并没有观看画展，但他一定听

图 7.8 马蒂斯，《装饰背景中的装饰人物》，1925～1926 年。 130 厘米×98 厘米

到了来自画展的议论。 画中的人物带有强烈的几何感和雕塑感，布满装饰的背景和色彩的应用都比马蒂斯之前的作品抽象很多。 有些评论家认为它缺乏魅力；但另一些人很支持这种新的尝试——以及画中传递的能量。 泰里亚德写道："你不再害怕衰老，因为你看到精神可以永葆年轻。"这与布勒东近来对马蒂斯的描述完全相反，他把马蒂斯描述成"不仅自己灰心丧气，而且令人灰心丧气"，一头被驯服的老狮子，只能靠布尔乔亚勉强存活。 同年晚些时候，似乎是为了证明自己是一头血统纯正的狮子，马蒂斯在保罗·吉约姆的画廊展出了两幅战前创作的大型作品——同时也是最具有立体主义特色的作品。 《钢琴课》和《河边浴者》（图6.9）以及一幅小型作品的展出引起了一股小小的轰动，特别是在那些几乎已经遗忘了马蒂斯的艺术家中。 在与先锋艺术疏远多年之后，马蒂斯终于重新回到了这个舞台。

毕加索当然也注意到了马蒂斯的变化，他越来越多地在画中直接回应马蒂斯的创作。 这种回应主要集中在两个方面：一方面是开拓更为抽象的空间，释放对玛丽-泰蕾兹的性幻想。 《画家与模特》（图7.9）就是一个很典型的例子，它回应了马蒂斯最近展出的《河边浴者》中应用的竖条纹和扩张的空间感。 《画家与模特》中韵律感强烈的亮黄色花纹也让人联想到马蒂斯近期的装饰性图案，不过毕加索采用的图案更加平面，张力更强。 这幅画借用了马蒂斯画中的元素，但又把它们改头换面，这种做法不仅挑战了马蒂斯而且依然保留了强烈的毕加索特色。 1913到1914年间，马蒂斯也对毕加索做了类似的事情。 《画家与模特》最有特点的地方是某些形态从一个物体转移到另一物体上，并且因其转移的地方不同而被转化成不同的符号。 尤其令人惊讶的一点是毕加索将男性阴茎和女性阴道的元素结合到画家的胳膊和脸上，可以从两个方面来看：向阳的一面，和背光的一面；朝向模特的一面和背向模特的一面。 这种错位和身体器官的转移，尤其是性器官的转移，大概与超现实主义者的类似观点有关。 此外，画中还明显应用了

图 7.9 毕加索，《画家与模特》，1928 年。 129.8 厘米 × 163 厘米

大洋洲艺术，特别是超现实主义者偏爱的美拉尼西亚盾牌。

《画家与模特》还涉及毕加索在同一时期创作的焊接雕塑。 例如毕加索1928 年和胡里奥 · 冈萨雷斯合作的《金属线条结构》(又名《头》)曾以这幅画作为原型。 对毕加索来说，绘画与雕塑间的相互关系变得越来越重要。 传统观点认为画家做雕塑主要是为二维创作提供实物参考，但是毕加索关注的却是如何"去实体化"，并且尝试如何在两种媒介中创造"非空间"。 毕加索的雕塑就是用来实践这一想法的，而且《画家与模特》也包含了这一元素。 举例而言，尽管毕加索很欣赏雅克 · 里普希茨的户外雕塑，比如 1927 年的《吹单簧管的表演者》，但他一定发现了这些雕塑就像被划开的外衣，里面是没有身体的：身体是应该占据空间的，但这仅仅是唯物主义的观点。 毕加索思考的却是另一种建构空间的方法，即为不可能在空间中存在的想法寻找一种视觉表现的形式。 他的目标就是塑造"虚无"。 这些想法不仅限于立体主义本身，而且关注如何用艺术符号表现实物之外的东西，比如各种矛盾体。 纪念阿波利奈尔的计划重新开启，毕加索为此准备了一个提议（但未获组委会批准）。 他试图创作一座没有固定位置和空间的雕塑，类似的想法在阿波利奈尔的小说《被刺的诗人》中也曾由以毕加索为原型的画家瓦索·德·贝宁说出：

> "什么雕像？大理石的？还是黄铜的？"特里斯杜斯问道。
> "不，那种太过时了，"瓦索·德·贝宁回答，"我要为他做一座虚无的雕像，就像诗歌和名望。"

毕加索努力地寻找既能表现实物，又能表现空间和思维的符号——创造像诗歌一样既无处不在但又虚无缥缈的画面——因此他的作品变得极其抽象，脱离实物。 这也许就是为什么他在这一时期间接但明显地借用了蒙德里安的抽象几何绘画风格，尤其在主色调和空间的方面——空间的描绘既像蒙德里安的风格，也像马蒂斯早期作品的风格——他所追求的是彻底的非物质化。

*

不过毕加索最像马蒂斯的地方还是表现在炫耀性欲方面，其中最令人惊叹的一幕发生在 1928 年的夏天。 当时他正与奥尔佳和保罗在布列塔尼岸边的第纳尔小镇度假，却暗中带上了玛丽-泰蕾兹，并把她安置在一处私宅里。 显然二人当时一直在海边的小屋中幽会。 这些故事竟然直接记录在他那年夏天创作的一系列小型作品中，其中令人印象最深刻的画之一《海边的玩球人》（图 7.10）描绘了一个在海边带球奔跑的女人，而在离她不远的小屋里站着一个正在兴奋地玩球的男人剪影。 特别值得注意的是女人的阴道和肛门都被赤裸裸地展现出来，而且肛门

图 7.10　毕加索，《海边的玩球人》，1928 年。24 厘米×34.9 厘米

尤其显得突出。 这种形象在毕加索的作品中屡见不鲜，似乎他有意以这种炫耀性嗜好的方式来打破社会禁忌。 这些小型作品所展现的力量和率直令人惊叹。 尽管涉及私人生活，毕加索却没有把它们隐藏起来，而是将部分作品刊登在超现实主义杂志《文献》1930 年推出的《致敬毕加索》特刊中。

　　在这一期中，《文献》还刊登了毕加索 1929 年的作品《卧式裸体》（图 7.11），这是他对马蒂斯最直接的回应作品之一。 这幅画原名《画家的画室》，描绘了一名侧卧在床上的女子，她摆出了"属于"马蒂斯的姿势——欲望之梦。 马蒂斯在20 年代创作的多幅作品采用了这种姿势，例如《宫女与木兰花》（图 7.6）。 不过毕加索的画中人物造型怪异，表现得更加粗陋而赤裸，而且他还巧妙地将马蒂斯画中的物体移位，营造出讽刺的效果。 在《宫女与木兰花》中，女人身后的水果和花是女性特征和性欲的表现；而在毕加索的画中，三片水果被故意放置在女人的双腿之间，看起来像一张漠无表情的脸，颇似马蒂斯。 马蒂斯画中的女人穿着

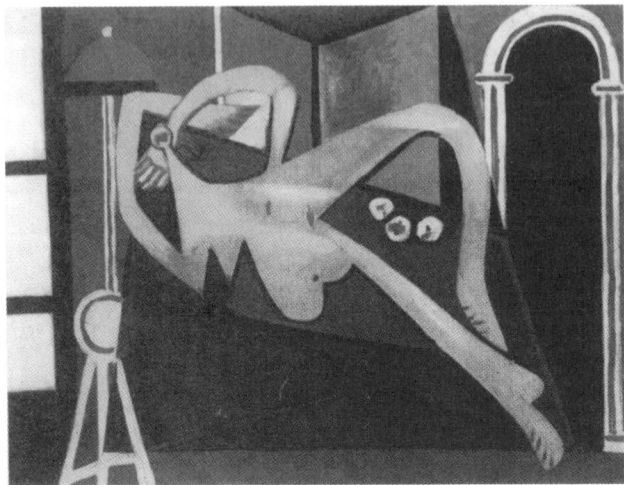

图 7.11   毕加索，《卧式裸体》，1929 年。 40 厘米×61 厘米

图 7.12   毕加索，《扶手椅中的裸体》，1929 年。
195 厘米×130 厘米

宽大的裤子，而毕加索把女人的私处完全
暴露了出来。 他用温暖柔和的笔触表现她
的肚脐和阴道，而她的肛门被大胆地突出，
成为了画的焦点，引人注目——似乎在嘲笑
马蒂斯对裸体题材小心谨慎的态度。

1929 年的《扶手椅中的裸体》（图 7.12）
也是一幅类似的作品——人物的姿势类似
《抬膝而坐的宫女》（图 7.5）、《装饰背景
中的装饰人物》（图 7.8）以及 1926 年的
《拿手鼓的宫女》。 但在这幅画中，毕加
索想画的似乎是奥尔佳，而非玛丽-泰蕾
兹。 画中人物张嘴的形象常常被毕加索用
来影射奥尔佳，而且画面呈现出一种松懈

和暴力的奇怪组合。 向来注重细节的毕加索在处理女人身体结构时采用了与描绘玛丽-泰蕾兹不同的手法，因此她的身体各部分看起来松散无力。 同样地，她的肛门比阴道更惹人注意——但并不是表现成干净的圆形，而是龌龊的一条缝，令人对整个人物肉体的厌恶感更强。

　　毕加索对马蒂斯更加粗鲁的回应无疑是将马蒂斯常用的形象挪用到他当时极为尖刻的一幅作品中。 创作于 1930 年早期的《坐式浴女》（图 7.13）采用了《装饰背景中的装饰人物》（图 7.8）中的人物姿势，但却用来表现极为冷酷无情的形象。 《坐式浴女》的表现力部分来自普通姿势和背景与怪异表现手法的结合，人们对这种姿势的普遍看法和画面所呈现的冷酷无情更加增强了这样一种感觉。 这

图 7.13　毕加索，《坐式浴女》，1930 年。
163.2 厘米×129.5 厘米

幅画简直就是对画中可怕女人的尖刻攻击（甚至于就是对奥尔佳的攻击）。 毕加索常常觉得马蒂斯摆出一副自鸣得意的态度，这幅画同时也是对他这种态度的攻击——用马蒂斯近期创作的最有活力的形象。 毕加索在画中去除了任何向马蒂斯示好的元素——地毯、盆栽、女人散发的宁静气质，完全在用马蒂斯的画来奚落对方。 《装饰背景中的装饰人物》被认为是马蒂斯创作中的一个挑战；而毕加索则用更加尖锐的方式诠释了这幅画——似乎想要暗示这头年迈的狮子的确已经忘了如何发威。

接下来的几年里，毕加索继续在暴力与温柔之间游走，而他生活中的两个女人也常常被用来表现两种截然相反的类型，一边是凶残可怕的泼妇，一边是善解人意的性感情人。 不过，表现情人时，他借用最多的还是马蒂斯的作品。

图 7.14　马蒂斯，《戴面纱的女人》，
1927 年。61 厘米×50 厘米

随着六十岁生日的到来，马蒂斯愈感力不从心，绘画生涯的变化也因私人生活的巨变而加速发展。 1927 年，他与亨丽埃特·达里卡雷尔分道扬镳。 过去的七年中，她是马蒂斯最忠实的伴侣和模特，也是他灵感的源泉。 他们初次见面时，亨丽埃特只有十九岁，而 1927 年时，她已年近三十，完全有理由向马蒂斯提出另一种承诺。 他们分手的细节无从知晓，不过从马蒂斯为她画的最后一幅画《戴面纱的女人》（图 7.14）中可以体会到失去她的伤痛。

在这幅画中，常常以裸体出现的亨丽埃特从头裹到脚，身体向前靠。 马蒂斯采用了类似毕加索式的直接的心理表现手法。 人物造型沿用传统表现思考与伤感的姿势——手托腮，手肘枕着膝盖。面部由面纱分成了两个部分，既表现了她内心的悲伤，也强调了她凝视远方的眼神，同时令人联想到当时毕加索处理面部时的分裂表现手法。嵌入油彩中的线条清楚地传达出最原始的情感，女人的面纱和毕加索式的姿势仅仅部分掩饰了这些情感的流露。女人裙子上红色和绿色的十字图案对马蒂斯来说显得特别僵硬，如同把人物重心放在画面的下半部分一样，非常不符合他一贯的做法。似乎为了表达强烈的悲伤，马蒂斯本能地使用了毕加索的语言，用来表现对自己来说十分陌生，但在毕加索的作品中常常出现的情感。

第二年春天，马蒂斯与分居十年的妻子在尼斯重聚，他的生活方式也彻底改变了。艾米莉回归不久，宫女系列就被画上了句号，他把大部分的时间投入到视觉设计和雕塑上。自从进入 20 世纪后，这是他第一次感到失去了明确的发展方向，不知该如何下笔开始创作，更不知该如何完成一幅作品。同时他还受到了许多负面评价，因此他对自己的怀疑随着公众的质疑而与日递增。甚至他最忠实的支持者也开始对他的近期作品颇有微词。当计划的四次回顾展中的首次展出在柏林的桑豪泽艺术馆开幕时，一位评论家指出，即使画家自己也"已经意识到他在艺术上正处在停滞不前的阶段"。

这一时期，安德烈·列文森狠狠地批评了马蒂斯 20 年代的作品。他写道，宫女系列的作者完全不是那个"曾经颠覆了整个艺术界，引领和丰富艺术发展的人"。列文森认为，马蒂斯最大的成就是将装饰风格的画法应用到架上画中，并且强调了画面的表面，"把所有的物体都放在同一平面上，从而简化为二维的空间"。他赞扬了马蒂斯早期作品中大胆简洁的画法，尤其是纯色的使用，"用同等强度的大色块，而且没有光影变化"。列文森的结论是，如果说马蒂斯是一位伟大的画家，那么也是归功于他早期的作品，而不是近期的这些作品。

艾米莉的回归并未改善他们的婚姻状况。由于脊背问题，她长期卧病在床，与既是模特也是夜班护士的年轻女孩莉赛特关系紧张。因此对马蒂斯来说，1930

年的大溪地之行无疑是一次喘息之机。 当被问及这次旅行时，马蒂斯把它描绘成一次寻找艺术灵感的旅程，声称他是在追随高更的脚步，"去看看热带的日出日落，那里无疑会是另一番景象"。 不过，他在大溪地并没有什么重要的创作。 讨厌旅行的毕加索也禁不住贬损他的这次旅行。 他对一位采访者说："从专业的角度来看，像马蒂斯这样，跑到地球的另一端，追随高更的脚步，结果只是发现那边的光线和吸引画家眼球的元素跟在马恩河畔[1]看到的没有什么两样。 对我来说，我可受不了。"

　　仅仅几个月后，马蒂斯找机会返回了美国。 作为卡耐基国际美术展曾经的大奖获得者，他受邀担任 1930 年的评委。 在美期间，他接受委托为位于宾夕法尼亚州梅里恩市的巴恩斯基金会创作一幅壁画。 这所基金会收藏了他的大量作品，其中包括他早期的杰作《生之喜悦》。 巴恩斯为他提供了一次期待已久的创作大型壁画的机会，并且为他后期风格的形成扮演了非常重要的角色。

　　为马蒂斯在卡耐基美术展上赢得大奖的是一幅奢华但并不出众的静物画。 在1930 年的美展上，他说服保守的卡耐基评委团将大奖颁给了毕加索，获奖作品是创作于 1923 年的一幅奥尔佳的肖像。 这幅画带有强烈的自然主义风格——完全没有沾染任何现代艺术的气息。 在卡耐基，马蒂斯与毕加索的这次看似不可思议的交集后来被证明是一部具有讽刺意味的序曲，标志着二人又一次在艺术上精彩过招的开始。

1　马恩河：法国北部河流，塞纳河支流。

VIII.

爱的语言

显然,爱需要重塑。

　　　　　　　　　　　　　　　　　——亚瑟·兰波

　　1931 年 6 月 16 日,马蒂斯迄今最大型的一次展览在巴黎的乔治·珀蒂美术馆开幕。 展出的作品涵盖了马蒂斯的整个艺术生涯,包括 141 幅油画作品和 100 画稿,但仅有一座雕塑。 (令人好奇的是,劳蕾特和安托瓦妮特的名字都出现在某些作品的标题中,但亨丽埃特的名字却难觅踪影,尽管她是马蒂斯的画中出现最多的模特。)这场备受瞩目的画展成为了当季的焦点事件,并且吸引了大量媒体的关注。 许多杂志,例如《艺术手册》,出版了马蒂斯特刊,关于他作品的文章和复制品也大量涌现。

　　这次展览在作品的选择上带有明显的倾斜。 尽管展品中包括了一些早期的重要作品,例如《戴帽子的女人》、《蓝色裸体》以及《金鱼和雕塑》,但大多数展品还是 20 年代的现实主义作品。 画展筹备期间,马蒂斯一直在尼斯创作巴恩斯的壁画,因此他并没有太多直接参与。 乔治·珀蒂美术馆的老板波恩海姆兄弟在展览中安排了大量他们所持有的尼斯时期的作品,使得画展的重心明显向这个方向倾斜,从而导致人们加深了这样的印象——马蒂斯与这个时代的步调不一致。画展在提升马蒂斯的名望方面并没起到多大作用,人们依然认为他"重要但缺乏深度"，并且批评他并未"探索灵魂。"

　　有一位参观者却对画展抱有浓厚的兴趣，这个人就是毕加索。 他在精心安排的试展上的现身甚至比马蒂斯本人更加轰动。 根据一篇当地报纸的报道："马蒂斯拒绝成为众人的焦点，早早退离了现场，希望一切由他的作品代为发言。 而同为 20 世纪艺术界领军人物的毕加索却在现场获得了更多的关注。"马蒂斯画展引起的轰动激起了毕加索心中的竞争欲望。 作为反击，他在接下来的几周里立刻安排了两次展出：一次是在佩西耶美术馆举办的小型回顾展，另一次是在保罗·罗森伯格美术馆举办的小型画展。 这次画展准备得非常匆忙，只有八幅作品展出（其中四幅是近期作品）。 从一定程度上来说，他的策略奏效了。 尽管马蒂斯的画展更受人们的青睐，也受到了更多的媒体报道，但毕加索确实吸引了人们的注意，而且针对他的讨论也更加严肃和现代。 瓦尔德马尔·乔治将马蒂斯称为"法兰西绘画王冠上的宝石"，而将毕加索称为"一个现代的神经衰弱病人"。 肖像画家雅克-埃米尔·布兰奇更偏爱马蒂斯，称他的画"性感撩人"，最棒的是"充满魅力、喜悦和光明"。 但他认为毕加索的作品表现出"形而上的不安"，并且认为毕加索是那种"在做超出自己能力之外的事的人"。

　　毕加索非常认真地研究了马蒂斯的画展，马蒂斯作品中的坦率和性感引起了他的共鸣。 就在一年前，在皮埃尔美术馆，他看到了一件马蒂斯的雕塑作品，直接影响了他后来的雕塑创作。 当时，他正在潜心研究焊接钢铁作品，但是受马蒂斯的影响，他开始改用陶土创作头像和人物雕像。 同样，他也十分注重雕塑的质感，某些作品甚至直接回应了马蒂斯的创作。 毕加索为玛丽-泰蕾兹创作的一系列头像——例如《女子半身像》（图 8.1）是受马蒂斯早期作品《珍妮特》（图 8.2）的启发。 1931 的作品《卧式浴女》是对马蒂斯的双重回应。 雕塑采用了马蒂斯 1907 年作品《卧式裸体 I》的姿势，但是其开放的形式和玲珑的曲线回应的是马蒂斯 1909 年的作品《蜿蜒》。 不过毕加索这件雕塑却产生了完全不同的效果。

一向奇思妙想的毕加索把女人的身体展开，再以暴力和不和谐的方式重新组合，
这与马蒂斯极富韵律美的作品完全不同。

图 8.1　毕加索，《女子半身像》，1931
年。86 厘米 × 32 厘米 × 48.5
厘米

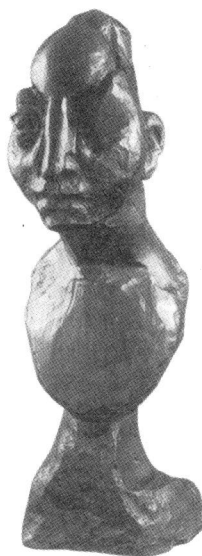

图 8.2　马蒂斯，《珍妮特》，1916
年。58 厘米 × 21.3 厘米 ×
27.1 厘米

图 8.3　毕加索，《卧式浴女》，1931 年。23 厘米 × 72 厘米 × 31 厘米

　　在乔治·珀蒂的展出让毕加索关注马蒂斯的创作。 毕加索决定就在这家美术馆举行自己的回顾展，时间就定在 1932 年的 6 月 16 日，距离马蒂斯的画展正好一整年。 这样的时机选择让人不得不产生对比两次展出的想法。 为了不重蹈马蒂斯的覆辙，毕加索仔细甄选了展出的作品，反复考虑入选作品的效果。 他还决定为此次作品展创作一系列新作品。 从 1931 年 12 月开始，他在 7 个月里创作的多数作品都与马蒂斯有着相当直接的联系。 它们掺杂着对马蒂斯的尊敬和嘲弄，似乎是在对他说："你看，这么画才对！"过去几年来，毕加索一直在利用马蒂斯的一些作品，往往带有开玩笑，甚至嘲笑的色彩。 但是此时毕加索做得更加大胆，创作了几幅极富"马蒂斯式"风格的作品。 它们色彩鲜艳，布满阿拉伯式的花纹，带有强烈的装饰性图案，而且弥漫着浓浓的情欲色彩。 从某种意义上来说，这些作品甚至比马蒂斯本人的画更"马蒂斯"；而且令人惊讶的是，它们甚至在马蒂斯之前预示了他后期作品的风格。

　　在这几个月里，毕加索保持了惊人的创造力。 有些作品完全是基于马蒂斯的作品创作的。 例如《卧式裸体》（图 8.4）呼应了《蓝色裸体》，但是变形成了另一幅样子。 画中布满旋转的阿拉伯纹饰，色彩极其鲜艳，并且夸张地应用了马蒂斯最爱的元素——盛放的植物、水果和韵律感十足的装饰图案。 毕加索不停地创作，直到画展开幕时才完工，甚至当画被送走时，颜料都还没干透。

　　毕加索大量借用马蒂斯的风格和主题，这股疯狂的劲头来源于他对玛丽-泰蕾兹的爱，渴望为她献上一首画布上的情诗。 他的热情如此强烈，以至于无法用他惯用的绘画方式去表达，而马蒂斯的绘画语言却触动了毕加索。 因此这些呼应马蒂斯的作品显得野心勃勃，混合了他的敬仰和嫉妒之情。 20 世纪 20 年代的作品中，毕加索更倾向于嘲弄而不是模仿马蒂斯。 而到了 30 年代，他开始用不那么恶意的方式来处理马蒂斯元素了。

　　毕加索在准备乔治·珀蒂画展时大量使用马蒂斯元素，这是他正在研究的一

图 8.4　毕加索，《卧式裸体》，1932 年。 130 厘米×161.7 厘米

　　种夸张语言，用来描述令他痴迷的那些妖娆与性感。 引用马蒂斯的画是为了向世人宣告他足以击败这位比他年长的画家，不仅仅以一个普通画家的身份，而且以一个擅长描绘女性性感姿态的画家的身份——作为一个情人。 画中的马蒂斯元素非常明显，以至于有时他似乎想要将马蒂斯的艺术特质据为己有。

　　以《梦》（图 8.5）为例，这是一幅充满慵懒和性感气息的作品。 毕加索借用了多幅马蒂斯尼斯时期的创作。 女人慵懒的姿态，韵律感十足的壁纸，还有散发着情欲味道的浓郁色彩，都明显带有马蒂斯 20 年代末作品的风格。 但是在这幅画中，毕加索还是有胜过马蒂斯的绝招。 《梦》是毕加索为玛丽-泰蕾兹创作的最深情的（几乎有些伤感的）诗歌。 画中的她坐在一张红色椅子上，正处在睡梦

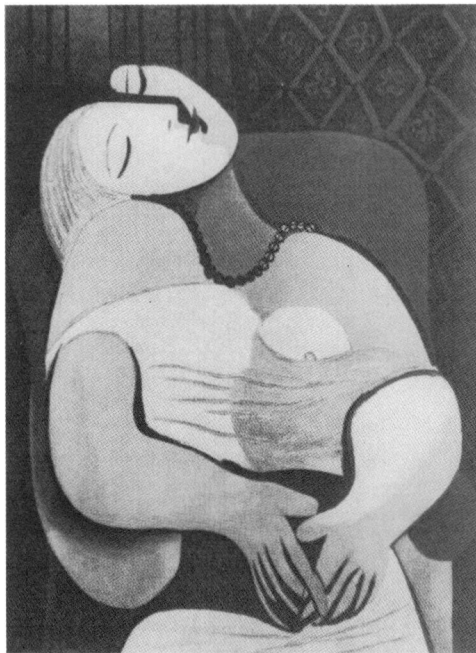

图 8.5　毕加索，《梦》，1932 年。 130 厘米 × 97 厘米

中，双手叠放在腿上，脖子上优雅地围绕着一串珍珠。 她的脸被分成了两个部分，这样就能在面具一般的脸孔下刻画出清晰的侧面轮廓——似乎在暗示从清醒到睡梦中的变化，或者是为了强调睡觉时做梦的状态。 整幅画都建立在强烈的对比基调上，例如对比女人身体的曲线和背景中的菱形图案，或者背景中红色和绿色的对比。 通过奇特的变形，女人脸部的上半部分呈现出阴茎的形状，似乎是在狡猾地暗示梦的内容。 她坐的椅子散发着光晕，似乎在用热烈的红色和黄色拥抱着女人——这两种色彩是加泰罗尼亚的传统颜色，在此处无疑标志着作者的存在。 为了展现各种清醒、暴露和隐藏的状态，女人的一边乳房暴露在外，另一边则被衣服覆盖；同样的，交叉的双手遮住了她的隐私部位，但同时也起到了吸引人注意的效果。 衣服上的水波图案不仅表现了衣服的皱褶，也暗示了她"心中的涟漪"，微小的波纹代表了内心的平静。

尽管我们无法弄清毕加索当时心中想着什么，但至少我们可以想象这时的毕加索愿意为他的情人玛丽-泰蕾兹献上一切。 这也表明他意识到他所擅长的是以马蒂斯的语言作为出发点，将其转变为一种狂想曲式的语言，这是马蒂斯所做不到的。 被重塑后的马蒂斯语言呈现出极强的诗意，并促使马蒂斯意识到它尚未被开发的潜力。

*

1932 年的毕加索作品展比马蒂斯的规模大很多，一共展出了 225 件作品，其中包括 7 件雕塑和 6 本插画。（其中的一本书是近期为诗人欧维德的《变形记》绘制的版画，毕加索希望以此与马蒂斯为马拉美所作的版画竞争。）他决定弱化那些保守的新古典主义作品，而重点强调近期作品，例如《生命》、《两裸像》、《弹曼陀林的姑娘》（范妮·特列尔）、"我的女人"、《小丑》和《三个音乐家》。

毕加索作品展开幕后人们议论纷纷，马蒂斯被迫采取守势。 1932 年 4 月，他写信给儿子皮埃尔时说道，他现在的主要买主阿尔伯特·巴恩斯近来拒绝了购买毕加索的《生命》。 据马蒂斯所说，巴恩斯认为毕加索根本不会看色彩，他近期的作品不过是"对马蒂斯的拙劣模仿"。 不难察觉，马蒂斯开心地提到这一点（在同一封信中提到了两次），还说巴恩斯已经没兴趣再购买毕加索的任何作品。 毕加索既与马蒂斯保持距离，又力图弱化自己的色彩能力，假惺惺地向马蒂斯表达恭谨之情。 画展开幕前一天，在一篇评论家泰里亚德撰写的采访中，毕加索故意贬低色彩的重要性，显然是想与马蒂斯区别开来——此时毕加索正要展出一些色彩丰富的画。 "多少次当我想用蓝色时，却发现我根本就没有这个颜色，"他说道，而对马蒂斯来说这是无法想象的事情，"所以我就用红色代替蓝色。 不过是些微不足道的事情罢了。"

他声称完灵感比色彩更重要的思想后承认他的主要对手有时候也还是有些灵感的。 "最终，唯一重要的是来自内心的东西，它是你肚子里光芒万丈的太阳，它是唯一。 比方说，让马蒂斯成为马蒂斯的东西。 正因为他肚子里有这个太阳，所以有时候，我们能看到有价值的东西。"

　　马蒂斯完全有理由被毕加索乔治·珀蒂画展上的作品吓一跳。 他们相识二十
六年以来，还从没像现在这样渗入彼此的创作领域，或者说从没如此大胆地运用
过对方特有的形象。 此时毕加索的大胆行为直接抢掉了马蒂斯的风头。 马蒂斯
近来一直在准备展出刚刚完成的巴恩斯壁画——他近期最前卫的作品——计划在
1932 年春天在乔治·珀蒂美术馆展出，然后运到美国。 为了这场特殊的展览，美
术馆甚至计划一直向公众开放到午夜。 但是由于计算上的失误，马蒂斯不得不取
消展出，并且重头开始这场大工程——最终他在 1932 年 7 月重画了整幅壁画，而
此时的毕加索正在乔治·珀蒂美术馆展出他的作品。

　　创作第一版巴恩斯壁画时，马蒂斯开始时采用的是塞尚式的人物形象，但是
后来他转而使用剪纸形象，这样能在巨幅的壁画作品上进行快速修改（图 8.6）。
在早期的剪纸创作中，他将其赋予了无与伦比的自由度，将人物的身体平面化，
并且扭曲成各种形式。 这样的做法像极了毕加索 1928~1929 年的那些海滩画上的
人物（图 7.10），以及 1929~1930 年的巨幅杂技演员的造型（图 8.7）。 马蒂斯从
没使用过毕加索创作这些人物的手法，因此在使用他的创意时，马蒂斯加入了新
的活力。 他的舞蹈人物展现出令人愉悦的自由感、形式上的柔韧美和线性的力
量。 相比之下，毕加索的杂技演员就显得有些僵硬和呆板了。 次年春天，第二
版巴恩斯壁画完工。 这次的作品看起来相当喧闹，用马蒂斯的话来说像是"酒神

图 8.6　马蒂斯，创作中的巴恩斯壁画，1931 年。

节的狂欢"——也许正好反映了马蒂斯的心情，他与毕加索的竞争日趋白热化。

*

毕加索的作品展是作为一次历史性事件来筹划的。为了强调这一点，克里斯蒂安·泽沃斯在作品展开幕的这个月特意出版了毕加索作品全集的第一卷。但是，如果说评论界对于前一年马蒂斯画展的反应是不温不火，那么这次对毕加索的反应则可说是公开讨伐了，甚至反对之声中不乏现代艺术的支持者。艺评家们受够了毕加索善变的风格、折衷主义，

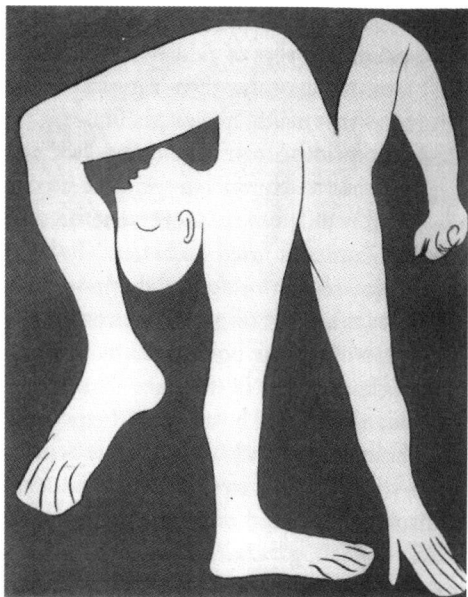

图 8.7　毕加索，《灰色的杂技演员》，1930 年。
161.5 厘米×130 厘米

以及在他们看来丑陋怪异的人物造型。此外，由于毕加索的展览正好与马奈的大型回顾展同期举行，人们难免会不太厚道地把他和这位公认的大师拿来对比。例如，克劳德·罗杰-马克斯说马奈和毕加索画展的作品数量（分别为 150 件和 225 件）和质量呈反比。他称"毕加索是一个天赋惊人、本应该成就一些天才之作的人，但是他却一件都没有"。

毕加索的近期作品尤其遭人诟病，部分是由于大胆的性描写，还有部分是出于与马蒂斯的联系。对于卢浮宫馆长热尔曼·巴赞来说，毕加索近期作品的失败是显而易见的："他现在的低潮是我们这个时代最令人困扰的问题之一。"另一位评论家甚至质疑毕加索到底是不是一个画家。他把毕加索和小提琴家尼科罗·帕格尼尼对比："一个魔鬼般的小提琴手。你可以让他演奏任何乐曲。无论是

什么曲子，他都能丝毫不差地用自己的热情演绎。 这份热情使他伟大，但也令他无法定义。"毕加索善变的风格被人们称为是"他不停变换的心情，他不是想真诚地表达自己，而是想找一种与众不同的表现方式"。

展出转移到苏黎世之后，情况并没有好转。 评论家格特哈德·杰德利卡把毕加索的画比作"对法兰西绘画最危险的攻击……从各方面看，这股野蛮力量正带着他的威力和险恶，入侵文明世界"。 他写道："马蒂斯的画则是法兰西绘画已经修筑或者说正在修筑的大坝，用它们可以抵御这次入侵。"心理学家卡尔·荣格也参观了这次画展，并且写了一篇现在相当著名的文章。 他把毕加索的作品和一些病人的画进行对比，分析说毕加索的艺术表现出分裂、矛盾以及"完全缺乏感情"的精神分裂症特征。 他把毕加索描述成一种"地下"人格，极易受到黑暗的吸引，倾向于接受"丑陋与邪恶的诱惑"而不喜欢"为世人公认的善良与美丽"。 对荣格而言，毕加索作品中那些"极不和谐，甚至令人难以忍受的颜色"是他"试图通过暴力控制内心冲突的表现"。 尽管荣格的分析反映了现代艺术所忽视的方面，但他却没有提到毕加索的个人心理问题其实也揭示了他所身处的社会的心理问题。 立体派画家安德烈·洛特是少数几个意识到毕加索的作品能够反映时代"不安感"的人之一。 洛特认为，马蒂斯那种把现代艺术当作"舒适的扶手椅"的观念"来源于本世纪的前三十年，这段时间发生了许多特别的事件"。他预见说，"如果今天的担忧以及明日的变革不会快速吸引人们为那些制造'惊讶'的作品欢呼的话，我会非常惊讶的。"

我们只能想象马蒂斯如何看待毕加索的作品展。 一年后，当他的儿子皮埃尔建议他在毕加索之后也开办一次纽约作品展时，马蒂斯冷冷地回答道："我用不着回应毕加索的画，他的画展已经回应我了。"

从 30 年代初开始，毕加索的作品越来越多地表现出对玛丽-泰蕾兹的爱欲。1935 年 6 月，他得知玛丽-泰蕾兹怀孕。 10 月 5 日，她诞下一名女婴，取名玛利亚·德·拉·康塞普西翁（通常称为玛娅，或者玛雅），是毕加索死去的妹妹的名字。此时的毕加索正经历一场家庭风暴。他觉得自己非常爱玛丽-泰蕾兹，于是决定与奥尔佳离婚，然后娶玛丽-泰蕾兹。这让奥尔佳愤怒极了。如一位传记作者所说："她的生活只有一个目标——那就是让毕加索活得难受——她甚至放弃了所有社交生活，全心全意地投入到这项激动人心的活动中。"律师参与到他们的离婚官司里，财产分割的问题也讨论了。但毕加索此时依然是西班牙公民，他的婚姻要服从西班牙法律。而在西班牙，人们是不允许离婚的。

毕加索心急如焚。他甚至一度停止了绘画，转而集中精力创作不带标点的超现实主义诗歌。（格特鲁德·斯坦感觉到他入侵了自己的领域，于是明确地跟他说他的诗"比糟糕的诗更让人讨厌……如果你写诗只是为了发泄一些承受不了的东西，那么没什么问题……但是别想让我说你写的那些东西是诗歌"。毕加索觉得斯坦的反应挺有意思，于是常常以刺激她为乐。他问，斯坦经常说他不同凡响，那么为什么她不愿意承认我的诗也是不同凡响的呢？）最终，西班牙的婚姻法让毕加索因祸得福。短短一年里，朵拉·玛尔就取代了玛丽-泰蕾兹在他心中的地位。

*

如果说毕加索对马蒂斯领域的入侵指出了马蒂斯近期作品的弱点，那么同时他也指出了一条可能的方向。毕加索不仅用粗鲁的方式让马蒂斯意识到他已经离自己当初的成绩偏离甚远，而且将马蒂斯置于一个非常尴尬的位置，使他不得不跨过毕加索侵占的领域，才能重新夺回自己的地盘。于是马蒂斯以毕加索的爱的语言为基础，开始了绘画作品的转型。

从20年代末起，马蒂斯就饱受灵感枯竭之苦。在一封1929年写给女儿的信中他写道："有时我已经坐定，想要开始画点什么，但是在画布前，我什么都画不出来。"对灵感的渴望在20年代初的作品中就明显地表现出来了，但这个问题一直没能解决。毕加索近期的作品完全是激情之作，不仅指出了马蒂斯近期作品的懈怠，也暗示了他的灵感质量不稳定。 如果说马蒂斯的作品缺乏热情，那么是因为他的生活缺乏热情吗？ 他经常从身边的女人获取灵感，但他似乎并不想承认这种影响。 此时在他的创作生涯中，由于无法与身边的女性心心相通，使得他的创作举步维艰。 他对生活的超脱态度也险些使他失去了艺术上的活力。 毕加索在乔治·珀蒂美术馆的展出制造了巨大的冲击，也促使他开始从一个男人和画家的角度反思自己的境况。 尽管他的回应来得晚了一些，但一旦到来，就是极具建设性和影响力的。 这次的回应与一位比他年轻许多的女性有关。

1932 年毕加索画展期间，马蒂斯正在创作第二版巴恩斯壁画，此时他雇佣了一名年轻可爱的俄罗斯移民做画室助手，她的名字叫丽迪亚·德莱克托斯卡娅。壁画完成时，她已成为了马蒂斯的伴侣，并且照顾着他卧病在床的妻子。 尽管丽迪亚聪明伶俐、光彩照人，但马蒂斯起初并没有注意到她。 直到有一天与她谈话时，他突然说："别动！"于是开始画她。 不久，她成为了马蒂斯的私人模特。虽然她并没有接受过专业训练，对艺术也没有特别的认识，马蒂斯还是开始训练她从事秘书和画室经理的工作。 这时，他们显然已经深深爱上了彼此。 马蒂斯开始为她着魔似地创作，如同几年前毕加索为玛丽-泰蕾兹所作的一样。

再一次，两位画家的人生出现了奇怪的巧合：在同一时期，毕加索决定提出与奥尔佳离婚，马蒂斯与妻子分居。 两人都爱上了年轻的金发美女——其实并不是他们通常喜欢的"类型"。 玛丽-泰蕾兹生于 1909 年，丽迪亚生于 1910 年。 毕加索每天的生活都如同戏剧一般精彩：他把玛丽-泰蕾兹安置到一间离他与奥尔佳的住所仅仅一个街区之隔的一所公寓中。 玛丽-泰蕾兹怀孕了。 他告诉奥尔佳他想离婚。 奥尔佳尖叫，威胁他，乱扔东西。 不仅如此，毕加索让法庭执行人员清算他们的财产，奥尔佳得知消息后晕倒。 于是奥尔佳又叫执行人员查封了毕加索的画室。 她搬了出来，每天写信骂他，到后来他竟然每天都期待收到这么一封信，这多少符合毕加索的一贯作风。

不过，马蒂斯的情况竟然和他类似。 女儿的介入使事情的发展更加复杂。她清楚地表态反对马蒂斯的做法。 丽迪亚被驱逐出他家，于是他们偷偷地约会。她甚至找了一把手枪，威胁说要自杀。 这段时间常常与马蒂斯见面的简·布斯说，他"想要妻子，想要秘书，想要女儿，他最想要的——天啦，他怎么能要这么多——是不被打扰，不用做出决定"。 最终，"马蒂斯夫人本来没有希望治愈的脊柱问题竟然完全好了。 拥有恶魔一般精力的她从床上站了起来，走出来——或者应该说是大叫着冲了出来"。 艾米莉在房间里乱扔家具，冲着他大喊大叫。有一天，她对他大声说："马蒂斯先生，你也许是个伟大的艺术家，但你也是个无耻的恶棍！"这句话深深地刺痛了马蒂斯。 你能想象吗，他对布斯喊道，"她竟然对**我**说这种话！"最终，马蒂斯另立门户，丽迪亚是他的主要模特和秘书，并且终其一生担任此职。

*

马蒂斯与丽迪亚相爱后创作的首批作品之一就是《林中仙女》（《青草地》）（图 8.8）。 这是一幅巨幅作品，描绘了农牧神企图强暴一名年轻女子的场景。 这个主题使人联想到马蒂斯 1908～1909 年创作的《仙女与好色徒》（图 5.4），当时他刚开始与奥尔佳·梅森的恋情。 但马蒂斯不同于毕加索，他并不习惯描绘暴力的性场面，所以尽管他花了好几年来画这幅画，却一直无法"完成"。 起初，画中的农

图 8.8 马蒂斯，《林中仙女》（《青草地》），
1935～1942 年。 242 厘米×195 厘米

牧神俯身面向斜靠着的仙女,一边激动地摆弄着风管,画的边缘还镶有花朵图案。
尽管马蒂斯 1936 年展出了这个版本,但后来又对这幅画重新创作,而且一直未能完
成。 (《绑架欧罗巴》也遇到了同样的问题,这幅画也展现了暴力欲望的主题。
1927 年到 1929 年间,他一直在对这幅画进行改进,据说为此画了"三千张草图"。)

　　毕加索笔下的强暴画面,例如 1933 年的《米诺牛与女人》(玛丽-泰蕾兹)
(图 8.9),可能是马蒂斯的灵感来源。 马蒂斯为乔伊斯的《尤利西斯》创作的暴
力插画就与毕加索为欧维德的诗集所画的插画有着直接的联系。 但是马蒂斯的暴
力画面也许还有另一个来源:马蒂斯与丽迪亚开始不久,得知了奥尔佳·梅森的
死讯。 身为犹太人的奥尔佳一直居住在德国。 她被丈夫抛弃后,又因纳粹势力
的崛起而陷入绝望,最终她再也无法忍受,选择了结束自己的生命。 她自杀的消

图 8.9　毕加索,《米诺牛与女人》(玛丽-泰蕾兹),1933 年。 47 厘米×62 厘米

息对马蒂斯来说是一次相当沉重的打击。

*

显然，认为马蒂斯的艺术与生活脱节的说法，尽管一个世纪以来被人们反复地评论，其实并非事实。 这种说法来源于他从未真正厘清的矛盾，那就是他的作品虽然是基于自我情感的抒发，却并没有表现出他是什么样的人。 30 年代中期，以丽迪亚为模特的大量作品清楚地证明了这种说法并不正确。 这些画充满活力、温柔和强烈的欲望。 就像毕加索为玛丽-泰蕾兹创作的早期作品，它们就是热烈的情诗。

这种感情在 1935 到 1936 年间马蒂斯为丽迪亚创作的作品中尤为明显。 从一定程度上来说，它们也是对毕加索近期作品的回应。 他为丽迪亚画的多幅作品，例如 1935 年的《画家与模特》（图 8.10），技艺上可谓无可挑剔，画面充满了情欲。 许多画后来都以专题形式收录在《艺术手册》中出版，似乎马蒂斯也禁不住向世界宣布他对丽迪亚的迷恋。 在《画家与模特》这类画中，作者流露出的感情如此强烈，以至于让人有些摸不到方向，感到很难看懂其中的空间层次。 我们，

图 8.10　马蒂斯，《画家与模特》，1935 年。 45.1 厘米×56.8 厘米

和画家一样，用法国人的话来说就是"晕头转向"了。

画面的构图主要围绕丽迪亚起伏的身体曲线与明显的装饰性图案的对比展开。 她躺在床上，我们可以看到马蒂斯的手正在作画，画笔的出现出乎意外地表现出强烈的欲望。 （丽迪亚面带满足的微笑，这在马蒂斯的画中是很少出现的表情。）由于丽迪亚的形象在镜子中和画中反复出现，因此她的形象被刻意加强。 这种重复使她出现在画中的任何角落，似乎马蒂斯怎么也画不够她——暗示她已经占据了他心中的每个角落，就像画里呈现的那样。 重复的主题与散布四处的重复线条互相呼应，强调了画面蕴含的矛盾，也隐喻了画家和模特在画中无处不在。

反复重置画家以及观赏者与画面的身心联系是马蒂斯 30 年代中期作品的重要元素。 这一元素以多种方式和效果出现在他的画中。 多重表现、多重结构以及画中画的形式将原本直白的实物描绘转变为神秘且隐晦的画面。 《画家与模特》这一类型的作品显然直接影响了马蒂斯 1941 年创作的《主题与变化》系列。 毕加索在 30 年代的作品呈现优雅简洁的线性美，古朴的表现形式使人联想到希腊花瓶上精致的绘画。 马蒂斯的作品更具流动的美感，更富于变化，在强调画面表面的笔迹和整体效果上表现得相当抽象。

*

毕加索曾画过一幅特写玛丽–泰蕾兹睡觉的画面，而马蒂斯通过借用这一题材闯入了毕加索的领域。 毕加索曾经多次创作这一题材的作品，例如 1932 年的《梦》（图 8.5）和 1931 年的《金发女人》（图 8.11）。 马蒂斯最早涉足这一题材的作品就是 1935 年的《梦》（图 8.12），但他微妙地使用了不同于毕加索的绘画方式，以此作为对他的反击。 《梦》中的丽迪亚身处一片模糊的蓝色背景中，这与毕加索画中的主角是不同的。 尽管像《金发女人》这样的作品极具风格，但人物依然是被设置在一个现实的空间中。 画中女人的手臂呈现出美丽的弧线，但画面依然是静态的，背景是玛丽–泰蕾兹丰腴的身体和线条僵硬的条纹布。 相比之

图 8.11　毕加索，《金发女人》，1931 年。
100 厘米×81 厘米

图 8.12　马蒂斯，《梦》，1935 年。
81 厘米×65 厘米

下，马蒂斯笔下的丽迪亚显得更加朦胧，将观赏者带入她的内心世界。　透明的、甚至有些非现实感的表现手法暗示了虚无缥缈的梦境。　观赏者和女子的距离如此之近，以至于我们能够感受到一种亲密的关系——甚至好像在偷窥她一般。　在马蒂斯的画中，我们与女人的空间关系显得有些模糊，她的形象好似漂浮在我们眼前，暗示她已进入另一层意识中。

　　30 年代中期，马蒂斯与毕加索相互回应，比一战前更加直接且频繁。　但同时，他们绘画的基本方法还是不尽相同的。　马蒂斯的作品倾向于分散观赏者的关注点，从而营造一种整体的效果。　当我们观赏他的画时，我们的焦点不得不不断转移。　他通常会尽量避免所谓的"焦点"，因为画中的物体往往是相互映衬的，不论我们看哪里，我们都会同时注意到画中的另一点。

　　与之相反，毕加索越来越倾向于聚焦主题，而且形式表现得更加生硬。　从一定程度上来说，这是源于两人的性格差异，但同时也与他们不同的创作方式有关。 以实物为创作对象的马蒂斯总是希望在画面中融入更多视觉信息，甚至包括他并未有意关注的信息。 因此，我们在观赏时不得不在整幅画面上不断转换焦点。 主要依靠想象作画的毕加索偏爱以某个视觉创意作为出发点。 因此，不论画得多么精致，这个创意始终是画面的焦点。 马蒂斯的构图并不固定，而且常常向外漂浮，甚至延伸至画框以外；而毕加索的构图结构紧密而稳固，通常严格地限定在画框之内。 因此，马蒂斯迫使他所描绘的物体服从画面的整体感，使个体让步于整体；而毕加索则强调个体元素，表现了命名的过程。 这个过程类似宣告，似乎宣告各个部分的过程包含了身份的认证。 这就是毕加索想要的效果。说到画裸体，毕加索说道：“我想说裸体，我并不想画一般的裸体。 我只想说胸，说脚，说手或者肚子。 找到一种说的方式——这就够了。 我不想从头到脚地画一幅裸体，但是只要能成功地说，那就是我想要的效果。 当人们说的时候，一个词就够了。 对你而言，只要一眼，那幅裸体就能告诉你她是什么，不需要多余的语言。”对马蒂斯而言则正好相反，这种“多余语言”所表现的间接性是他作品中重要的内容。

图 8.13 毕加索，《花园中的裸体睡女》，1934 年。
162 厘米×130 厘米

*

马蒂斯与毕加索之间争夺某些风格领域的对抗使得二人在互动间开辟了一块实验空间，特别是关于“欲望之梦”的卧式女人。 毕加索 1934 年的《花园中的裸体睡女》（图 8.13）表现主题的方式极其接近马蒂斯表现情欲的绘画方式。 但是毕加索又在其中加入了复杂的结构，使得自己的风格明显，超出了马蒂斯的范畴。 像马蒂斯的《蓝色裸体》一样，毕加索画中的女子躺在植物的下方，好像花是从她的身体里生长出来。 她枕着的靠垫也是马蒂斯常用的花纹。 显然毕加索是想让我们产生这种联想的——而且他这么做可能是让我们更好地欣赏他在马蒂斯基础上的即兴创作。 在《蓝色裸体》中，女人的身躯是扭曲的，我们好像在从不同的角度观看她。 但是这幅画中的扭曲做到了极致，身体的各部分压迫到了一起，充满了想象力，以至于我们看不到身体各部分之间的关系，而是把她们当作整体来体会，就如同欲望本身给人的感受一样。 在这幅画中，女人生殖器的位置比毕加索其他关于玛丽-泰蕾兹的画更加出乎意料。 她的阴道只是由三根简单的线条构成，很容易令人忽视。 而她的肛门却被夸张放大了，被置于一个非常显眼的位置，看得人触目惊心。 由于这次赤裸裸的性描写使用了马蒂斯常用的姿势和背景，毕加索对马蒂斯领域的入侵也就显得更加明显了。

　　马蒂斯对毕加索的回应集中在一幅叫做《卧式大裸体》（图 8.14）的画上，这

图 8.14　马蒂斯，《卧式大裸体》，又称《粉色裸体》，1935 年。 66 厘米×92.7 厘米

是马蒂斯为丽迪亚所画的最具感官愉悦感的作品之一。 画中丽迪亚的姿势在1907年《蓝色裸体》的基础上采取了一些变化。 马蒂斯花了六个月来画这幅画，从1935年5月3号开始，直到10月30号才完成。 他采用了画巴恩斯壁画时的办法，在创作《卧式大裸体》的过程中为它拍摄了22次照片（并且在完工后把其中的一些照片刊登了出来）。 和创作壁画时一样，他也采用了剪纸的办法，这样不用等颜料干透就可以快速修改构图了。

从这些创作时拍摄的照片来看，这幅画原本采用较为自然主义的风格来描绘躺在沙发上的女子，花瓶和椅子摆放在她的身边。 但照片上显示，马蒂斯不仅大幅修改了构图，而且完全改变了原本的绘画语言。 他将人物形式平面化，试图在人物的形体曲线和背景的几何图案间形成一种韵律感的平衡。 他还试图采用类似毕加索的方法扭曲人物的身体，以提升人物的力量感。 这种变化在5月到8月之间表现得特别明显，他一反常规地让人物的腿和身躯自由释放，力图捕捉毕加索画中特别吸引他的那种整体感。 但这种方法并没有成为最终版本，他又回到了抽象但更加和谐统一的方式。 接近完工时，人物形态变得更加平面和简化。 最终的版本中，她由美丽的阿拉伯纹饰线条构成，身后衬托着一幅格纹布，好似一条藤蔓缠绕生长在格子架上。 阿拉伯纹饰和格子图案间的经典对比暗示了一系列的对立：静态与动态、文化与自然、理性与激情。

除了女人的身体及其周围环境的变形，画中的其他物件也随之呈现出形态的变化，这些变化在一定程度上体现了人物的特质。 在最终版本中，花瓶（原本是红色）被画成了粉色，和女人的肤色一样——似乎暗示了土地与肉体都蕴含着生殖能力。 花的形态也发生了变化，被浓缩成平面的曲线形式，只是作为一种象征符号出现。 椅子原本在各个版本中都清楚地以椅子的形式出现，但最终却变成了倒立的双曲线——使人联想到古代象征生殖力的符号。 代表花瓶和花的符号，以及置于女人身体上方的生殖力象征暗示了各种特质间的象征性交流。 代表欲望的物体——可爱单身女人的身体——转化成了一个通用的符号。

*

当马蒂斯重回《粉色裸体》和《蓝衣女子》（图 8.15）中的纯色平面风格和大幅度曲线时，毕加索的作品却变得越来越强调棱角和暴力色彩。 这次变化恰逢朵拉·玛尔的出现。 朵拉是一名 29 岁的摄影师，他们相遇在 1936 年初。 那年秋天，随着西班牙内战的升级，他们的恋情也火热地展开了。 （毕加索是共和派的坚定支持者，1936 年 7 月，他甚至被共和政府委任为普拉多博物馆馆长。）1936 年秋天，朵拉的

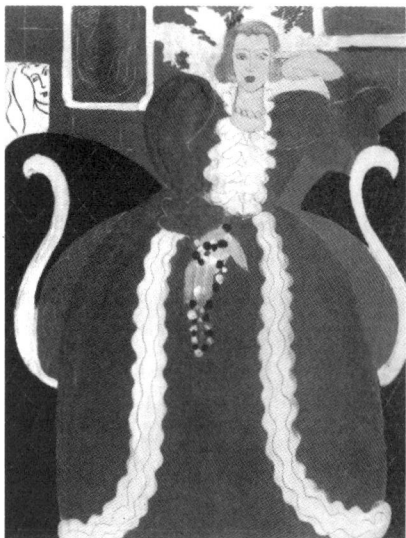

图 8.15　马蒂斯，《蓝衣女子》，1937 年。92.7 厘米×73.6 厘米

脸开始出现在毕加索的画中。 第二年春天，就是由她用照片记录了《格尔尼卡》的创作过程——一次对马蒂斯用相机记录创作过程的有趣呼应。

以朵拉为主角的画标志着毕加索开始远离马蒂斯风格的画面。 如果说玛丽-泰蕾兹展现的是柔和丰腴的曲线，那么朵拉表现的则是棱角分明的线条，《坐着的朵拉·玛尔》（图 8.16）就是如此。 事实上，在马蒂斯阶段之前毕加索就开始回归这种立体主义风格的暴力画面。 朵拉通常被描绘成悲伤和焦虑的形象；最典型的作品就是《哭泣的女人》（图 8.17）。 毕加索特意把她设置成这种角色，正好与柔软而丰腴的玛丽-泰蕾兹形成对立。 他感到必须找到一个更聪明、世故、有趣而且情绪上难以捉摸的女人来平衡玛丽-泰蕾兹的温顺乖巧。 这次的改变与他在创作上追求的变化有着直接的关系。 他想画一些更激烈、尖锐、情绪表达更加强烈甚至暴力的作品。 这次的转变也反映出毕加索如何利用生命中的女人作为创

图 8.16　毕加索，《坐着的朵拉·玛尔》，1937 年。
92 厘米×65 厘米

图 8.17　毕加索，《哭泣的女人》，1937 年。
60 厘米×49 厘米

作题材。 他不会为所有情人作画；许多与他发生关系的女人并没能影响他的创
作，而只有少数几人在他的艺术创作中扮演了重要的角色。 这些人是极为重要
的，因为他会把她们突出的个性融入绘画中，这种夸张的戏剧性正是他的创作所
必需的。

　　新的女人并没有让毕加索终止与其他人的交往。 尽管朵拉·玛尔代替玛丽-
泰蕾兹成为了毕加索生活的中心，但在接下来的几年里，他同时与两人交往。 她
们能满足他不同的需求，甚至回应他不同方面的性格，使他得以在温柔与残酷间
自由变换。 就像无法想象毕加索以玛丽-泰蕾兹为主题创作愤怒和暴力的画面一
样，我们也很难想象他用玛丽-泰蕾兹画中的柔情笔触来描绘朵拉·玛尔。

　　1939 年 1 月 20 号，毕加索创作了两幅油画，总结了他对这两个女人的感觉
（图 8.18，8.19）。 这两幅画大小相同，都描绘了一个躺在窗前的女人。 在这两幅

图 8.18　毕加索，《沙发上的卧式女子》（朵拉·玛尔），1939 年。
97 厘米×130 厘米

图 8.19　毕加索，《看书的卧式女子》（玛丽-泰蕾兹），1939 年。
96.5 厘米×130.6 厘米

画中（创作于他的母亲去世后的一周内），毕加索似乎在评价两个女人，就他好像在同一天跟两人做爱，然后试图捕捉各自的独特之处。（事实上，也许那天毕加索根本就没见过这两个人。）两幅画都进行了很有特点的夸张变形。在《看书的卧式女子》中，玛丽-泰蕾兹被赋予了马蒂斯式的性感，蓝色的画面平静安宁。身体线条采用柔和的曲线，看起来她似乎存在于一个完全私人的空间里，甚至窗外的景色也是一片模糊。 在《沙发上的卧式女子》中，朵拉却被画成了硬邦邦的锯齿形态，色彩也更加复杂而且不和谐。 她看着我们，似乎对外界任何的行动都十分警惕。 在她身旁的墙上挂着一个画家的调色板，我们还能看到窗外的树。玛丽-泰蕾兹美丽性感、令人宽慰、悠然自得；朵拉浑身带刺、复杂难懂、令人不安，但却能激发人思考。

毕加索想要表现自己性格中残酷的一面，而玛丽-泰蕾兹温顺性感的性格无法满足这种欲望，更无法适用于这个日渐残酷的世界。 在一定程度上，毕加索无法延续对玛丽-泰蕾兹的爱可以说是一次爱情的失败，但同时也可以看作是私人感情的超越，从而令他得以进入一个新的公共领域。 朵拉进入毕加索生活并不仅仅是个巧合。 相比温顺的家庭妇女，她不但代表了经历丰富的新女性，而且为毕加索提供了一张活生生的面孔和鲜明的性格，使他积极地参与到身边的政治事件中，也让他能够清晰地描绘出法西斯崛起和西班牙战争带来的暴力与恐怖。

即使在与朵拉生活期间，毕加索依然与玛丽-泰蕾兹来往密切，甚至一直保持热情的书信来往。 他与朵拉一起住在昂蒂布时，依然不断给玛丽-泰蕾兹写肉麻的情书。 从某种层面上来说，他这种本事是极度虚伪的表现。 1939 年，当他与朵拉在一起时，他在信上写道："亲爱的，我一天比一天更爱你。 你对我来说就是一切，我愿为你、为我们永恒的爱情牺牲一切。 我爱你，我忘不了你，亲爱的。 如果我感到伤心，那一定是因为无法和你在一起，虽然我很想这样。 亲爱的，亲爱的，亲爱的：我希望你开心……为此我愿付出一切……如果我无法让你停止流泪，那我的眼泪也就毫无意义。"这封信太令人震惊了，因为他看起来好像说的是真心话，至少抽象地看是如此。 他不仅不满足只和一个女人在一起；他甚至不满足只扮演一个角色。 他内心已经出现了分裂——荣格称之为精神分裂症，不过也可称其如浮士德般对人世间各种体验充满了饥渴——这在他的作品中也多次得到了体现。他不甘平淡的性格确实带有浮士德的特征——渴望体验一切人生经历，不论要冒什么风险，因此他总是行事轻率，不顾后果。他写给玛丽-泰蕾兹的信承载着真诚的激情，但也包含了唐·乔瓦尼给唐娜·爱薇拉[1]所唱的咏叹调中的那种彻头彻尾的虚伪。

＊

毕加索特别不喜欢失去对他人的控制。奥尔佳几乎到临终前还在给他写信，玛丽-泰蕾兹也是。朵拉和玛丽-泰蕾兹一直居住在他留给她们的房子里直到去世。对他来说，那里就像是他的神殿。他甚至还和费尔南德·奥利维尔保持联系，直至其终老。但是这些都不像 1936 年到 1942 年间玛丽-泰蕾兹和朵拉·玛尔之间的重叠。在这段时间里，他意识到尽管心中充满了爱，但是这样的爱其实是一种感情动力，超出了原本爱的目的——其实是一种对自己的爱，只不过有时投放在了别人身上。他与这些女人的对话只是一种转化成咏叹调的内心独白，不过咏叹调总要找一个倾诉的对象吧。但是一旦唱完，倾吐的对象就不再重要了，甚至成了累赘——直到下一曲的到来。玛丽-泰蕾兹不再吸引毕加索之后很久，作为一种感情和欲望满足的体现，她的形象依然停留在他的想象中，而且很有可能是在他的性幻想中。她依然是他一生中最为性感的象征，她的画也是他所创作过的最具情欲味道的作品。事实上，她就是马蒂斯式的女人，是他的"欲望之梦"。尽管不能简单地说毕加索渴望借助马蒂斯的欲望，并渴望拥有马蒂斯式的欲望，因此他尝试模仿对方，但在毕加索与玛丽-泰蕾兹一起的这段时间里，三者间的关系确实是显而易见的。

这场失败的爱情所带来的转变也改变了毕加索的作品。忠于一个人在某种程

1　唐·乔瓦尼和唐娜·爱薇拉：出自莫扎特的歌剧《唐璜》，又名《唐·乔瓦尼》。唐娜·爱薇拉是剧中遭到乔瓦尼抛弃的女子。

度上来说就是只忠于某一部分的自我。 对毕加索来说，这是不可能的。 随着那份柔情在画中的消失，毕加索也越来越少表现马蒂斯式的情欲了，这也促成了他30年代的风格转变。 比较一下1937年的《坐着的朵拉·玛尔》（图8.16）和马蒂斯同时期为丽迪亚所画的《蓝衣女子》（图8.15），我们就能看出他离马蒂斯有多么遥远了。 《坐着的朵拉·玛尔》充满了刺和棱角，她的裙子看起来像个扎满了针的枕垫——与马蒂斯的女人完全相反。 房间的透视画法使观赏者的焦点落在朵拉的身上，整体表现出一种类似笼子的结构，可以看作是她精神禁锢的比喻。 马蒂斯的《蓝衣女子》中，优雅舒展的曲线不仅表现出丽迪亚的身体，而且好像是对她的温柔抚摸，椅子和身体占据了画面的主要部分，使得女子和背景形成了一个整体。 甚至她头后的花冠和墙上的肖像画也是她的延伸，强调了她无处不在的形象。

*

在毕加索创作《格尔尼卡》期间，他还画了一系列以哭泣的女人为主题的作品。 她们悲伤的眼神绝望地四处张望，内心的痛苦让她们的皮肤布满褶皱，嘴巴大张，发出可怖的哭声。 这类形象与毕加索对西班牙内战的看法有着密切的联系，以至于他将其中一幅画用在了1938年在伦敦新伯明顿美术馆的《格尔尼卡》揭幕展上。

随着西班牙内战的升级，毕加索感到极大的痛苦和绝望，这些形象正好反映了他此时的心情。 《格尔尼卡》的创作一结束，他紧接着开始创作一系列拿着手帕的女人，而且把这一形象应用在1937年7月创作的多幅绘画和蚀刻作品中。 在所有这些画以及那年秋天创作的许多作品中，手帕都是表现悲伤的唯一道具。 在10月17日创作的一幅画中，画上的女子用嘴咬着手帕；在第二天画的两幅画上，手帕用来擦拭眼泪。 《哭泣的女人》是其中最出名，也是最有力量的一幅。 尽管这幅画常常和朵拉·玛尔的肖像一起被提起，但这幅画本身并不是肖像画，事实上画上的某些颜色——例如紫罗兰、黄色和红色——反而还常常用在玛丽-泰蕾兹身上。　如果我们把这幅画和同时期的《坐着的朵拉·玛尔》（图 8.16）对比，我们会惊讶地发现两者间巨大的不同，甚至像指甲这样的细节也不尽相同：《坐着的朵拉·玛尔》手指尖如利爪，而《哭泣的女人》却是圆而短粗。　但同时，朵拉焦虑的性格确实被用来创作哭泣的女人系列。　几年后，当毕加索解释"某些形式会强加给画家"时，他提到朵拉·玛尔的画就是如此。　"我画不出她笑的样子，对我来说，她就是哭泣的女人。　这么多年了，我画了很多她受尽折磨的样子，我并不是有意这么残忍，也并不以此为乐；我只是按照她给我的形象创作。　这是一种深层次的真实，不是浮于表面的。"

　　《哭泣的女人》已经超越个体的性格，成为了痛苦的标志形象。　手和脸的尖利形状尤为强烈地表现出这种形象，传递出一种难以承受之痛。　白色手帕掩盖她的面部，但又露出下面的骷髅，同时暗示了道德与绝望。　在这部分的处理上，视觉映像经历了不同寻常的变化，转化为内心的感知。　我们看到手帕，但感受到骷髅，而且在此过程中，似乎我们也在心中触摸自己的脸。　因此，我们从内至外感受人物，同时从外至内观赏人物。　背景的设置也加强了画面的效果。　人物置身于一间房间里，四周的壁板上布满了栅栏似的竖条，强调女人在情感上受到的禁锢。　类似地，装饰着蓝色花朵的帽子使得女子庄重的穿着与强烈的情绪形成鲜明对比。　（这使人联想到马蒂斯 1913 年的《马蒂斯夫人肖像画》，人物传统的穿着与极端的情绪也呈现出类似的对比效果。）她的帽子和衣服样式普通，暗示她所经历的恐惧会发生在每个人身上。　而在接下来的几年里，事实确实如此。　就像毕加索后来解释的一样，他就是想让人们感到困扰："我感兴趣的就是你们所说的'不相干事物的联系'——把我想表现，但又最不可能联系起来的东西凑到一起……我想让大家用不同寻常的方式思考，用这种方式唤醒人们。　我想让观赏者发现那些如果没有我就根本不可能发现的东西。"这也许就是弗朗西斯·培根说到"毕加索笔下的事实残酷"时的用意。 到 30 年代末，毕加索已经成为描绘不安真相的大师。

他的性格亦是如此。 就如同他热爱创造一般，他也热爱毁灭一切传统、预期、个性以及亲近的人。 他利用自己无与伦比的能力，以极大的热情反对所有这些事物，在艺术和生活中都是如此。 就是这种能力，使得他能够化腐朽为神奇。他常常利用人们习以为常的元素，用那些艺术史和文化上都用滥的东西来创作，赋予它们复杂而强大的内涵。 （而马蒂斯则不同，他需要不停创造新的形象，陈旧的元素对他来说就是毒咒。） 除此以外，旧元素也是毕加索以个人特有方式表现"公众"意义的常见方式。 他把生命中的女人变成程式化的角色：例如，30 年代时，奥尔佳代表的是歇斯底里、贪得无厌的泼妇；玛丽-泰蕾兹·沃尔特象征温柔性感的大地女神；朵拉·玛尔成为了痛苦的受难者。 在他的生活中，她们是真实的人，但在他的艺术中，她们又是戏剧中的角色。 她们表现的性格也许是基于真实的人物，就像有些小说人物那样，但不管怎么说，她们还是虚构的想象。 因此我们能够明白朵拉·玛尔后来所说的："所有关于我的肖像画都是谎言。 她们都是毕加索，没有一张是朵拉·玛尔。"毕加索利用了她的性格，然后转化为一种公众形象，这个形象既像又不像这个名叫朵拉·玛尔的女人。

*

30 年代末，与此前二人在巴黎举办画展时相比，马蒂斯与毕加索之间的对话没有那么频繁了。 他们的关系变得友好，但有时也会有些紧张。 从某种程度上说，他们的关系是建立在他们共同的声望上。 他们常常会支持相似的活动，而且都是现代艺术界的标志性人物，这使得他们甚至急于为对方辩护。 30 年代后期出现了一种叫做"马蒂斯与毕加索"的结合体。 他们各自代表了现代艺术的某个方面，他们都不是彻底的抽象派，他们创造的主题有很多类似之处，他们代表了我们现在所说的"极盛现代主义"。

他们甚至开始在同一家美术馆展出作品。保罗·罗森伯格在追逐马蒂斯多年后，终于成功说服他在 1936 年签约。（在这家美术馆的首场展出中，他非常小心地选择了近期最好的作品，包括《梦》、《粉色裸体》和《林中仙女》。）同时，马蒂斯发表了一篇声明，宣布放弃他在 20 年代所使用的绘画方法，并极力称赞"美丽的蓝色，美丽的红色，美丽的黄色——这些能刺激人们内心深处欲望的元素"。他说，这是"野兽派最初的出发点：回归纯粹的勇气……在我近期的画中，我把过去二十年所得的都集中在我最核心的思想上，这是我的精髓"。

1936 年，雷蒙德·埃斯科利耶建议马蒂斯对自己做一次高度浓缩的回顾总结，并参加"独立艺术大师"的展览。在这次展出中，毕加索的作品也得到了很好的展示，尽管他的画在数量上不及马蒂斯的一半，但是包括了他早期的大量杰作，例如《格特鲁德肖像画》、《扶手椅中的女人》、《小丑》和《三个音乐家》。为了给毕加索打造一个国际舞台，克里斯蒂安·泽沃斯后来组织了一次名为"国际独立艺术的起源与发展"的画展。在这次展出上，毕加索的画几乎是马蒂斯的两倍。两位画家都提供了他们早期的一些抽象作品。当然，直接将毕加索推向世界舞台的还是 1937 年巴黎世博会上《格尔尼卡》的展出。这次展出让毕加索进入了政治领域，而马蒂斯从来都是对政治敬而远之的。毕加索成为了世界级的名人，政治元素的加入使他获得了更多的公众关注，这一点是 20 世纪任何一位艺术家都无法企及的。

*

二人持续一生的竞争尤其频繁地表现在女人身上。毕加索 66 岁时又得一子，77 岁的马蒂斯显然无法忽视这件事——还弄错了毕加索的年纪——他在写给安德烈·鲁韦尔的信中写道："你知道吗，70 岁的毕加索刚刚生了一个儿子，孩子四个月大，像他的父亲，看起来就像豆荚里的两颗豆子。"（毕加索也经常提起自己和马蒂斯的事。同年年初，他在一本笔记上写道："1947 年 1 月 1 日，今天下午马蒂斯告诉我：'昨天我就满 77 岁了。'"）

这场性竞争中最典型的事件涉及弗朗索瓦丝·吉洛，那个孩子的母亲。1943 年，就在毕加索逐渐疏远朵拉·玛尔的时候，他爱上了一位学艺术的年轻学生，她就是吉洛。（那年秋天，他创作了属于他自己的《生之喜悦》，以此庆祝吉洛的怀孕。他也明白，她的存在就是为了恢复青春的感觉。此外，马蒂斯在四十年后首次展出他的《生之喜悦》，对于毕加索来说，他怎么可能放过这个奚落老对手的机会呢？）1946 年 3 月，吉洛搬到毕加索的住所后不久，他就带着她到威尼斯看望了马蒂斯。当他们正在讨论一幅画的色彩时，马蒂斯说："无论如何，如果我来画弗朗索瓦丝的话，我会把她的头发画成绿色。"毕加索问为什么马蒂斯想为弗朗索瓦丝画画，这位年长的画家回答道："因为我挺喜欢她的头部，她的眉毛竖着好像抑扬符。"

这对情侣离开后，毕加索说他觉得马蒂斯有点过分。不论如何，他说，"我给丽迪亚画画了吗？"吉洛说她没看出来两者有什么联系。毕加索回答，不管怎么说，他现在知道该怎么为她画画了。

尽管毕加索通常不用模特作画，但不久他就让吉洛为他做模特。他画了三张头部的画像，然后又把它们撕了。然后对她说，想让她第二天不穿衣服。这次，他没动笔，而是盯着她看了一个多小时，然后告诉她可以把衣服穿上了。那一天，他开始创作《女人-花》（图 8.20）。这幅弗朗索瓦丝的画像显然使用了马蒂斯常用的比喻，甚至工作的过程也像马蒂斯。开始时，毕加索画了一幅相当现实主义的坐式肖像画，但他对人物进行不断的简化和抽象化，最终变成了一朵花的形象——头发画成了绿色。"马蒂斯不是唯一一个能把你的头发画成绿色的人"，完工时，他对吉洛说，他还从来没把任何人画成一株成长的植物。

马蒂斯对于与吉洛的第一次见面却有完全不同的记忆。他在给儿子皮埃尔的信中写道："三四天前，毕加索带着一位年轻漂亮的女士来看我。他客气得不得了，还说会再来，有很多话要跟我说。他还没有再来。他看到了他想看到的——我的剪纸作品、我的新画、彩绘的门等等。这就是他想要的。很快他就会把这些都用上。毕加索从不直接说，过去四十年里大家已经心知肚明了。"

几年后，这个故事有了一个有趣的续集。毕加索带着吉洛再次拜访马蒂斯。当他们抵达马蒂斯住所时，发现门是虚掩着的，可能是丽迪亚刚刚出去拿点东西，于是他们走了进去。就在他们从黑暗的走道进入明亮的沙龙时，他们惊讶地发现马蒂斯从一块挂毯后跳出来，嘴里叫着："咕咕，咕咕！"

图 8.20　毕加索，《女人-花》，1946 年。
146 厘米×89 厘米

当马蒂斯意识到进来的不是丽迪亚时，脸一下就红了。毕加索忍不住说："我之前真不知道你还会和丽迪亚玩儿捉迷藏。我们都习惯了她叫你'马蒂斯先生'。"马蒂斯笑了笑，想要转移话题，但是现在毕加索已经占了上风，他是不会轻易罢手的。毕加索继续说："上次我见到你的时候，你很为弗朗索瓦丝的眉毛着迷，说它们让你想起了抑扬符。你想让她给你做模特。现在看来似乎你画丽迪亚画得不错。"

他们离开后，毕加索感叹道："真难相信我们能碰到马蒂斯那个样子。"接着，他问吉洛怎么看马蒂斯和丽迪亚的关系，问她是否相信丽迪亚真的只是他的秘书。吉洛回答说，她不想知道，她觉得最好让人们自己决定透露多少个人隐私。

"但是为什么他和我在一起的时候怎么总是那么正经，那么镇定？"毕加索问，"他完全可以跟我讲他的秘密，相信我啊。我不是他最好的朋友吗？"他说，他的好奇是合情合理的；毕竟如果他不知道马蒂斯的这些事，他也不会特别关注"马蒂斯作品中隐藏的情感"了。而且他确实很想知道，因为他感觉到马蒂斯为丽迪亚作画时，他的画传递出一种特别的感情，与以往的那些模特都不一样。

"无论如何，"他总结说，"我搞不懂马蒂斯怎么可以在这么一位模特面前还能保持头脑清醒。"

IX.

接近死亡

我相信上帝吗？是的，当我工作的时候。

——亨利·马蒂斯

把明确的东西丢进青蛙池真是太难了。

——巴勃罗·毕加索

在二人互动的最后阶段，马蒂斯和毕加索都越来越关注死亡。 和以往一样，他们用不同的方式表达了他们的关注。 从早期开始，毕加索的作品就一直萦绕着一种死亡的氛围，而现在这种感觉变得愈发黑暗和暴力，尤其在西班牙内战爆发后，他常常描绘生命逝去的主题。 西班牙战争以及随之而来的遍布欧洲的灾难使他开始专注于政治题材，例如《弗朗哥的梦与谎言》以及对平民进行第一次轰炸后创作的纪念作品《格尔尼卡》。 渐渐地，以往毕加索作品中被人们所诟病的病态和怀疑论的观点此时却被认为具备了历史和政治的角度——正好回应了 1932 年安德烈·洛特在乔治·珀蒂美术馆展览时提到的"不安感"。 很多人都同意格特鲁德·斯坦对毕加索的观察，认为他是唯一一位以 20 世纪的眼光来看待 20 世纪的画家。

马蒂斯在战争开始不久就患上了严重的疾病，因此他对于即将到来的死亡有一种完全不同的看法。 尽管对死亡的描绘对他的绘画语言和工作方式产生了深远的影响，但是却并没有改变他创作的形象。 相反，他下定决心超越心中的恐惧。他开始越来越多地创作剪纸作品，采用鲜亮的色彩和充满生命的主题，似乎想以此停留在一个不存在死亡的空间里。 他的策略是拒绝承认时间的存在和"以谎言来对抗死亡"。 对于德米特里·肖斯塔科维奇的那句"对死亡的恐惧也许是最为强烈的感情",他和毕加索一定有着非常不同的理解。

*

30 年代末,年近六十的毕加索到了应该思考死亡的年纪。 1939 年 1 月 13 日,他的母亲在巴塞罗那过世,两天后他创作了一幅画有牛头头骨的巨幅静物画,似乎是为了纪念这个事件——这也是在他后来的作品中反复出现的题材。 不到两周后,巴塞罗那落入弗朗哥势力的手中。 那年春天,毕加索创作了几幅极为暴力的作品,例如《猫与鸟》,这幅画中一只死鸟挂在一只凶残的大猫的牙齿上。 纳粹从德国的博物馆中没收并拍卖了 125 件最有价值的"堕落艺术"作品,其中马蒂斯和毕加索的画各有四幅。 这件事可以说是毕加索画中的那种危险气氛的现实表现。 一位评论家写道:"马蒂斯和毕加索变成了加农炮弹,这是有史以来最奇怪的变化了。"随着周遭世界的日渐疯狂,毕加索意识到他生命中的一个阶段也走到了尽头。 1939 年 7 月,他很认真地考虑把过去的文字都搜集出来,并交给沃拉尔德出版。 但是那年 8 月,沃拉尔德却死于一场蹊跷的事故。 车后部的一件马约雕塑松了,向前掉下时正好砸到了沃拉尔德的头部。

*

毕加索对于爱与死亡的关注集中表现在他的杰作《昂蒂布的夜渔》中(图 9.1)。 他从沃拉尔德的葬礼归来就开始创作这幅画,并且在 8 月底,赶在德国入侵波兰前完成。 它是毕加索最为复杂和矛盾的作品之一,画中混合了不同的心理角度,用悲喜交加的方式处理死亡这个主题。 表面上看,这幅画描绘了两个在渔船灯光下捕鱼的男人。 螺旋图案的黄色圆圈代表渔船上的灯,但其实看起来更像是太阳和月亮的奇怪组合。 (画中还有一盏灯,挂在船舷上,更让人迷惑到底哪个是光源。)罗兰·潘罗斯在昂蒂布看到了这幅画,当时它刚刚完成。 据他

图 9.1　毕加索，《昂蒂布的夜渔》，1939 年。 205.7 厘米×345.4 厘米

所说，毕加索想要强调的是，渔船的灯光"对鱼来说，就是变幻莫测的太阳的替身，模模糊糊地挂在地平线上"，而红色的螺旋线条应该是象征性代表"孕育万物之源"。 如果说初次观看这幅画时会产生一些困惑，那么这正好是毕加索所期望的，因为困惑使我们像鱼一样来认识渔船上的灯—— 一个被误以为是太阳或月亮的陷阱。 这就是毕加索后来所说的"暗藏的颠覆"元素。 通过引发"矛盾和相反作用"，这种令人惊讶的元素可以使"观看者发现只有在我的帮助下才能发现的东西"。

渔夫之一正在用鱼叉叉一条比目鱼（毕加索很喜欢这种鱼，它的两只眼睛在同一侧），他的头部偏向一边，就像那条鱼一样。 另一个渔夫低头看着水里，讽刺的是，他的眼睛和鼻孔也在脸的同一侧。 他傻傻地盯着水面，看着小鱼从他身边游过，或者搜寻绑在脚趾上的鱼线。 画的左下角，一只螃蟹用害怕的可怜眼神看着我们，让我们不仅同情渔夫，也对他们捕的鱼心生怜悯。

夜的黑暗中点缀着巨大的绿色和黄色飞蛾，其中一只旋转着掠过，飞离灯光的范围。远处的背景中显现出格里马尔迪堡（现为毕加索博物馆）的轮廓。栏杆上站着两个女人，一个张开双臂，表示欢迎，她妩媚的同伴一边扶着自行车，一边舔着生殖器形状的冰淇淋甜筒。对渔夫们而言，这是一份相当严肃充满危险的工作——至少对鱼来说确实如此。在地中海黑色和淡紫色染成的夜色里，我们感到一种情欲与暴力的气氛，这是夏日游客的轻浮和当地居民的严肃混合而成的奇怪氛围。那两名年轻女子，像我们一样，把渔夫们生死攸关的重要工作看作一项又危险又好笑的运动，他们笨拙的姿势和可笑的表情更是加强了这种效果。

1939 年夏天，毕加索和朵拉·玛尔一起观察了一次夜间动物的活动。受此启发，他创作了《昂蒂布的夜渔》（吃冰淇淋的女子正是基于玛尔的形象，而她的同伴则是安德烈·布勒东的妻子杰奎琳·兰巴）。除此以外，两幅在马蒂斯画室看到的画也为毕加索提供了灵感，一幅是《菊》，另一幅是《黑色背景下的读书人》。这两幅画都采用黑色作为背景，映衬出丰富和谐的色彩。在《昂蒂布的夜渔》中可以找到类似的影子。

*

第二年 3 月，马蒂斯依然停留在毕加索脑子里——也表现在他的作品中——他又画了几幅举起双臂的女子。自从《生之喜悦》开始，这个姿势就一直与马蒂斯联系在一起。毕加索画中那些纯粹、抒情的线条也让人联想到马蒂斯的风格。但是这些画的创作最终让毕加索与马蒂斯背道而驰。

《梳头的女子》（图 9.2）是毕加索的女性题材作品中最出色但也最令人不安的作品之一。尽管人们通常认为朵拉·玛尔是该画的模特，但这幅画其实不算是肖像画，而是拟人化的焦虑情绪，画面局限在一个类似牢房的封闭房间。女人扭曲的身体、突出的瞳孔、张开的鼻孔强调了她的痛苦和冷漠，正面和侧面脸孔扭曲在一起，使她看起来像个怪物，简直就是恐怖和战争的化身。毕加索自己说过，他希望这幅画"能画出战争的恶臭"。 一位作家甚至从女人胳膊的位置联想到飘在鲁瓦扬市政大厅前的纳粹旗帜。 毕加索创作这幅画时正是居住在鲁瓦扬市。

图 9.2　毕加索，《梳头的女子》，1940 年。130 厘米×97 厘米

尽管这些说法也有道理，但是他们忽视了最重要的方面和这幅画力量的主要来源：两种相反情绪的结合。在某些方面，这个女人确实看起来很可怕，但她也是毕加索所有作品中最具有生殖力的形象之一。 像他的许多作品一样，她的乳头被简洁而清晰地描绘，观看者在她面前显得渺小，就像孩子看着母亲一样。 她的脚、肚子和胸部被故意夸大。 随着我们视线的上移，似乎手也在跟着移动，因为她的身体表现出非常真实的质感。 肋骨的画法让人联想到他的另一幅作品《扶手椅中的女人》（图 6.3），这幅画描绘的是临死的伊娃。 毕加索后来也说，《梳头的女子》让我"开始……又一次"采用之前画过的肋骨了。

人们很自然地将这位看起来可怕但极具母性的女人与毕加索不久前去世的母亲联系在一起，画中女人就是孩子对母亲的心情的具体表现。 不论如何，这幅画都不是仅仅关于战争，或者朵拉·玛尔，或者毕加索对母亲去世的反应。 这幅画是他对女性的各种情感的结合，已经超越了美和丑的概念。 它还引发了一系列矛盾的情绪，包括"残忍对待需要爱护的东西"。 如果这幅画在一定程度上受到了毕加索母亲死亡的启发，那么它让我们看到的不仅仅是个人事件或者个人的死亡。它提醒我们，尽管对于身边的人的死亡我们是无能为力的，但我们会因此思考死亡的问题。

*

1940 年 5 月初，马蒂斯前往巴黎，整理存放在法兰西银行保险库里的艺术品。他计划进行必要的财产分割，以便与妻子合法分居，然后再与丽迪亚到巴西度假一个月。一天下午，就在他离开巴西旅游办事处时，他在波埃蒂街遇到了毕加索。毕加索询问了他的近况，于是马蒂斯讲述了一下他的旅行计划。

"你难道不知道现在正在发生什么吗？"毕加索问道。"德国人已经到了兰斯。"经过一个冬天的虚张声势后，德国人已经开始了春季攻势，并且迅速突破了号称牢不可破的马其诺防线。

"到兰斯了？"马蒂斯惊呼。"我们的军队和将军呢？他们在干什么？"

毕加索这时甩了甩手，说道："你说到点子上了，他们就是我们的美术学校。"

毕加索尖锐地指出法国军队的僵化、盲目和想象力匮乏就和法国队艺术学校一样，他把无用的马其诺防线和国立学校的教学等同起来。在这一点上，马蒂斯与他不谋而合。两位艺术家一生都致力于对抗这些教育机构的顽疾。毕加索对任何学校都不抱幻想，不论这所学校有多好；但马蒂斯依然相信（除艺术外的任何领域）良好的系统还是有作用的。因此，无能、不安，以及"为与我们无关的事情而遭受巨大痛苦"让马蒂斯极为愤怒。他在给居住在纽约的儿子皮埃尔写信时说道："如果人人都能像毕加索和我这样认真地做自己的事，这一切都不会发生了。"

几天后，毕加索和朵拉·玛尔与玛丽·泰蕾兹和玛娅在鲁瓦扬汇合，而马蒂斯和丽迪亚则前往波尔多。这时的乡下已经挤满了避难的人群，旅馆全满了，以至于学校和妓院也成了临时的避难所。直到 8 月底，马蒂斯和丽迪亚才得以回到尼斯，同时毕加索和朵拉返回巴黎。两位艺术家都收到了迁往美国或者墨西哥的

邀请，但他们都拒绝了。 马蒂斯在给皮埃尔的信中写道："如果有点价值的人都
离开法国，那么法国还剩下什么呢？"

*

战争期间，马蒂斯与毕加索之间的关系有所改变。 虽然他们依然是对手，但
战争的创伤让他们结成了新的联盟。 作为法国最著名的两位艺术家，他们成为了
法国文化的象征，甚至在野兽般的法西斯势力面前代表了文明本身的价值。 （这
个转变多少有些讽刺；战前，他们常常被指责将野蛮文化引入现代艺术。）他们
的正直与某些同行的卑鄙行径形成了鲜明的对比，例如弗拉芒克和德汉，他们接
受了纳粹的邀请，为纳粹德国进行文化宣传。

马蒂斯留在了南部，毕加索返回了巴黎，因此他们在战争期间并没有机会见
面。 但马蒂斯有时会写一些书信。 通过一些共同的朋友，他们一直保持着联
系，并且总是打听对方正在做些什么。 德国占领期间，他们都经历了一段脆弱的
时期。 二人都有许多犹太朋友和画商，而且他们的艺术都被正式宣布为"堕落的
作品"。 作为外国人，毕加索的情况尤其微妙。 他和费尔南德·莱热是唯一两
个被公开禁止展览的非犹太裔艺术家。 1942年年初，有谣言传出，毕加索已经被
关进了疯人院。 这个消息甚至传到了纽约。 那年6月，艺术上失败的弗拉芒克
转而迎合德国人，因此写了一篇攻击毕加索的文章，指责他将法国绘画拖向了
"一条死路，使其陷入无以言状的困惑中"。 弗拉芒克声称，本世纪的头三十年
里，毕加索"将绘画艺术带向否定、无能和死亡……毕加索就是无能的化身"。
纳粹占领期间，法国的反动派突然冒了出来，指责现代艺术引发了世界的苦难。

马蒂斯被这些攻击吓到了，他告诉儿子毕加索并没有被关进疯人院。 他写
道："太恶心了，这个消息是毕加索的敌人散布的。 二十年前，当他开始研究杰
出的立体主义时，就出现过类似的噪音……这个可怜的人正在为他的卓越付出代
价。 他现在住在巴黎，什么都不想卖，什么也不想要。 他体现了应有的尊严，而

他的那些同行早已把自己的尊严弃如草芥。"马蒂斯还写道,他与毕加索近期交换了作品,而且毕加索常常对人说,他们两人是"仅剩的两个画家了"。

毕加索居住在巴黎,使他处于事件的中心,并且最终使他获得了"抵抗力量成员"的地位。 而他作为名人的身份多少给他增加了一层保护的光环。 (从没有人像毕加索这样充满勇气,而他也知道如何谨慎地应用。 马克斯·雅各布被捕时——盖世太保冲进来的时候,他的工作台上正放着一张毕加索的肖像画——毕加索强忍着没有插手。 雅各布后来死于杜兰斯的拘留营。)尽管德国士兵多次以政治为由搜查毕加索的画室,但他们似乎对这位名人更有兴趣,而不是他的政治立场。 有一次,一位德国军官看着《格尔尼卡》的明信片问毕加索:"这是你干的吗?"

"不,这是你们干的,"毕加索回答道。

*

对于母亲的去世,毕加索的第一反应是画一幅头骨的静物画。 1942 年,他的朋友兼合作者胡里奥·冈萨雷斯过世后,他又想到了这个形象,于是创作了《小公牛头骨静物》(图 9.3)。 这是他最有力量也是最具危险气氛的静物画之一。 头骨被赤裸裸地展现出来,背景是十字形状的窗户,窗外一片漆黑。 马蒂斯常用的深色背景在此却被转化成一种完全不同的语言和情绪。 尽管头骨的风格和不规则的构图整体类似冈萨雷斯的雕塑作品,但这幅画已经超越了这个主题,传达出当时每个身处欧洲的人所感

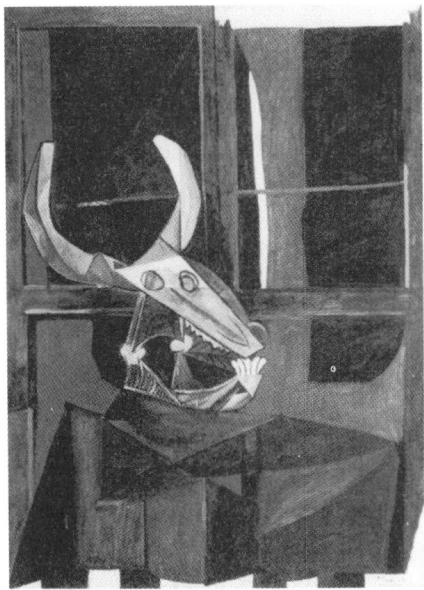

图 9.3　毕加索,《小公牛头骨静物》,1942 年。130 厘米×97 厘米

图 9.4　毕加索，《晨曲》，1942 年。 195 厘米×265 厘米

受到的死亡气氛。 这也是毕加索思考的方式，也许通过这种方式，他能够神奇地缓解心底对于死亡的恐惧，也算是另一种方式的"驱魔"。

　　一个月后，类似的忧伤，甚至悲情的气氛也弥漫在他的另一部作品《晨曲》中（图 9.4）。 这幅画似乎对毕加索意义非凡，他为此做了许多研究。 画中结合了玛丽-泰蕾兹（躺在床上的女子）和朵拉·玛尔（手拿鲁特琴的女子）的形象。画的构图类似英格尔的《宫女与奴隶》，还令人联想到马蒂斯 1926 年和 1928 年创作的两幅宫女主题作品。 只不过毕加索的这幅是一个恐怖版本。 《晨曲》创作于战争最黑暗的时刻。 黎明前漆黑的夜色和昏暗的房间里难以忍受的寂静营造出一种如同停尸房般的氛围。 （整体色彩和效果呈现出戈雅式的沉重。）床上的人物身体僵直，看起来更像尸体而不是睡着的人，甚至让人觉得她好像被穿在烤肉叉上，放在烤架式的床上旋转。 房间的简陋和人物垂死的状态似乎在提醒我们毕加索创作这幅画的时间，此时他和这两个女人的关系也即将走到尽头。

＊

　　如果说马蒂斯在艺术上与死亡的对峙是间接的，那么在身体上则是直接的。

他一直以来饱受肠道疾病的折磨，1940 年底，他被诊断出患有肿瘤。 1941 年
1 月，他前往里昂，接受十二指肠癌手术。 几乎所有人，包括马蒂斯自己，都怀
疑他很难度过这一关。 令人感动的是，即使在马蒂斯全力准备手术时，他还想着
毕加索。 手术前两天，他还抽时间给毕加索写了封短信，好像是因为不想什么话
都没留下就离开这位终生的朋友和对手，似乎既是告别，也是让他知道他在想着
他。 "我身体抱恙，"他写道，"我在里昂的一家诊所，准备马上接受一次小手
术，没什么危险。"

术后在医院恢复期间，马蒂斯被称为"死后复生的人"。 （在一封写给他的
朋友阿尔伯特·马凯的信中，他描述自己真正经历了"第二次生命"。）他还感到
一种心理上的解放，并且开始创作一些艺术生涯中最为自由和大胆的作品。 但也
是从那时起，他常常需要卧病在床，并且不得不面对消化系统疾病带来的复杂和
痛苦的治疗过程。 他明白自己的时日无多，而且感到一种强烈的紧迫感，必须
"完成"他的人生作品。 他才刚开始在剪纸艺术上开辟一番新的天地。 由于疾
病，他比任何时候都强烈地感受到身体的拖累。 但他没有利用或者屈服于此，而
是开始寻求一种更加伟大的艺术。

为了更了解自己，他病愈后的第一幅画就是重拾《林中仙女》（见图 8.8）。
过去六年来他一直都在苦苦思索这幅画。 它显然代表了马蒂斯与女人们之间一系
列令他困扰的问题，这次劫后余生，他感到必须重新面对这些问题。 它触及了他
心中的某个部分。 尽管从 1908 年起，他就试图面对，但从未真正解决。 这一
次，他还是没能做到。 他重新处理了人物，然后把画框上的装饰性花纹去掉，让
整幅画看起来更加直接和有力，但他依然无法取得突破。 "有太多东西，"马蒂
斯在手术前几年写道，"我想明白，但最想理解的是我自己。 我努力尝试了半个
世纪，但是这面墙还是在那里。 本性——或者说，我的本性——依然是个谜。 同
时，我相信通过一直引导我的那束微光，我还能控制我内心的混乱，并且认真地

回应那些频繁发出的呼救声。"

　　似乎是为了重获新生，马蒂斯术后的第一件新作是《静物木兰花》（图 9.5）。这是他最超脱和空灵的作品之一，与毕加索此时的静物画正好相反。 这幅画中的背景比他之前的静物画都要抽象，似乎清晰地预示了之后更加抽象的剪纸形象。桌面并没有表现出来，因此物体好像是浮在无形的大气中。 1908 年，当他第一次系统地阐述自己对绘画的思考时，他写道希望探索如何超越"表面的事物和存在"，寻求"一种更加真实、本质的特性"，以此"给真实以更加恒久的解读"。40 年代初，随着他越来越多在剪纸艺术中展现更加抽象的画面空间，他写道自己意识到"超越我，超越任何题材，超越画室，甚至超越房子的，是巨大的空间，身处其间，我对墙的感受就和海洋中的鱼一样。"尽管题材并不特别，但《静物木兰花》却有一种强大的重力和精神力量。 多年来，它一直是马蒂斯用来评价自己其他作品的标尺。

图 9.5　马蒂斯，《静物木兰花》，1941 年。 74 厘米×101 厘米

　　马蒂斯所探索的"巨大空间"的概念却不是毕加索喜欢的类型。 他说他不喜欢这幅画，因为它"装饰性太强"。 弗朗索瓦丝·吉洛讲述了这幅画"多么让他

无法忍受。 铜罐的一部分在画面以外，物体互相之间没有接触，全都孤立着，或者被明显地隔开了，这种开放的构图对这位立体派大师来说就像一道驱魔咒"。马蒂斯画中的极度流动性和开放性对毕加索一直是个谜。 马蒂斯也许是感觉到了毕加索并不怎么喜欢这种作品。 当他想要感谢毕加索为他照顾法兰西银行保险库中的作品时，他原本是想送他一幅《静物木兰花》的研究手稿。 他甚至已经在画上写下了献词："致我的朋友巴勃罗·毕加索"。 但后来又想了想，改送了毕加索另一样东西。

*

战后，毕加索搬到了法国南部。 他们因此更容易见面，交换作品也就更加频繁了。 但是对他们来说，这样的交换一直是一件棘手的事情。 尽管两人都从对方的创作中吸取了不少灵感，但是选择对方的作品却相当微妙。 公平地说，他们赠送给对方的都不是最好的作品——虽然毕加索在1942年从一个画商手上用自己的一幅画换得了一件马蒂斯的精品，即1912年的《橙子篮》。 据说马蒂斯曾想把这幅画买回来，当他得知毕加索得到了《橙子篮》，他感动得流下泪来。 毕加索非常重视这幅画，不仅常常把它挂在画室里，还把它列入了战后第一次展览的展品中。

创作于1942年的一幅朵拉·玛尔肖像画是毕加索赠予马蒂斯的最有表现力的作品，但马蒂斯每次看到它都会感到深深的不安。 "感觉就像但丁站在地狱门口，"有一次马蒂斯给一个共同的朋友写信，"我眼前的空间展现出一种特别宏伟的东西。 这太神奇了！"后来，马蒂斯为旺斯教堂做装饰设计时，就把这幅画挂在卧室的墙上。

他们为对方挑选作品时总是想选能体现自己精髓，但又是对方所不熟悉的作品。 就算是熟悉的元素，也会加入改变或者新想法。 例如，有一次，毕加索带着他的几幅新作去看马蒂斯，其中一幅《冬景》是典型的毕加索作品。 他把画支在壁炉架上，以便卧病在床的马蒂斯观看。 马蒂斯非常喜欢这幅画，于是问他能不能把画放在他家一段时间。 毕加索感到受宠若惊。 几个月后，他很高兴地看到这幅画还在壁炉架上，统治着马蒂斯的卧室。 马蒂斯对毕加索说，他很喜欢画中的景象，希望能用自己的一幅作品来交换。 毕加索有些猝不及防。正是由于《冬景》是一幅特别的作品，他觉得可以进一步探索挖掘。 但他实在无法对马蒂斯说不，于是他同意了。但是他随后又说，《冬景》对他来说很难舍弃，因为它指向一个新的发展方向。 马蒂斯回答，这就是为什么他想拥

图 9.6　毕加索的《冬景》摆放在马蒂斯卧室的壁炉架上，1951 年。

有它的原因，作为回报，他会送给毕加索一件精彩的作品。

　　马蒂斯提出在寻找合适的交换作品时，暂时由他来保存这幅画。 他们再次见面时，毕加索说他希望能得到一幅马蒂斯在 1907 年到 1920 年间创作的作品。 马蒂斯回应道，如果那样的话，毕加索应该给他一幅立体派风格的作品作为交换。这样一来，情况就陷入了令人尴尬的僵局，似乎在暗示两人都觉得对方最好的作品创作于很久以前。 就在对话让双方都感到不太痛快的时候，他们转移了话题。毕加索离开时，《冬景》还是摆在马蒂斯家的壁炉架上。

　　毕加索又一次来访时，他惊讶地发现，他的《冬景》两侧摆放的都是马蒂斯为旺斯教堂的十字袍设计的原型——十字袍上的十字图案和《冬景》中树的形象出奇相似。 他和马蒂斯都认为阴郁的《冬景》和十字袍上的艳丽色彩形成了出人

意料的反差。 不过马蒂斯从没建议用哪一幅画来交换《冬景》，它的作用已经完成了。 最终，毕加索以为这幅画拍照为由，把画拿了回来。

毕加索拥有七件马蒂斯的作品，而且常说"我感到越来越离不开它们了"。虽然毕加索有时会买马蒂斯的画，但那位年长的画家却从没买过一件毕加索的作品。 有意思的是，马蒂斯一辈子都把毕加索看作"小孩"，尽管他心中对毕加索充满了敬意，也极为欣赏——甚至嫉妒毕加索的惊人天赋——但他心气很高，一直不愿购买其他人的作品。 有一次，他红着脸对一个老朋友西蒙·布思解释为什么不去美术馆参观新作品。 他说："我只对自己感兴趣。"对毕加索而言，情况就不一样了。 他不仅会买马蒂斯的作品，还会把它们摆放在画室里非常醒目的位置。 马蒂斯的用色始终让毕加索感到疑惑。 说到马蒂斯如何用色彩使画布像胸部一样起伏时，毕加索说："马蒂斯的肺真好。"如弗朗索瓦丝·吉洛所说，马蒂斯"在或不在……都是我们日常生活中的一部分"。

有时，毕加索买下马蒂斯的画，是因为他没看懂，例如《郁金香与生蚝》（1943 年）。 他对这幅画着迷完全是因为他不明白为什么自己会这么喜欢它。虽然马蒂斯并没有购买过任何毕加索的作品，但他有时也会研究他的画，试图弄清它们的结构。 1948 年，马蒂斯绘制了几幅毕加索的《躺在蓝色床上的女人》，然后把画拿给毕加索看，并且强调他特别欣赏毕加索在这幅画中使用的技巧。 这个技巧是马蒂斯从未掌握的："通过扭曲曲线，使得观赏者可以同时看到人物的前面和后面。"毕加索具有越乎寻常的制造双关语的能力，这一点令马蒂斯既赞叹又困扰。 在这幅画中，令他困扰的是女人身体的形状和在他看来是可拆卸衣领的形象。 在画完这些画后，马蒂斯给毕加索写信。 在信中他感叹毕加索对似是而非的画法的痴迷着实让人迷惑。 他把毕加索称为"一种高级小丑……（这么说并没有贬低他的意思）"。

战后，马蒂斯与毕加索作为法国绘画界两位伟大人物的印象更加深入人心。

有意思的是，他们甚至成为了法国解放和法国艺术的象征。 不过，随着被占时期的结束，他们又开始举办画展，那种对抗的感觉又回来了。 特别是马蒂斯，因为此时的毕加索已经成为世界级名人和万众瞩目的焦点。 1944年的春天沙龙（也被人称为"解放沙龙"），毕加索被邀请举办了一次规模达到几乎80件展品的特别展出——大多数作品都创作于1939年后。 沙龙开幕之前，毕加索登上了10月5日的《人道报》（法国共产党的日报）头版，其间配有他的大幅照片以及文字——"现世最伟大的画家毕加索已经加入法国文艺复兴的阵营"。 （马蒂斯当时一定因为"最伟大"的措辞感到十分不悦，而且对于毕加索长期缺席秋天沙龙也颇为不满。）媒体报道吸引了大批人群涌向画展，当时的情形犹如暴乱一般激烈。 其中有几幅画完全被人群从墙上扯了下来。 1942年的雕塑作品《牛头》也未能幸免，这件雕塑是毕加索用把手和自行车座做的。

尽管马蒂斯没有亲自参观画展，他还是惊讶于画展产生的巨大公众影响，并且不无羡慕地对卡莫昂说："街上还有反对画展的示威游行，看它多成功啊！"第二年，马蒂斯在同一个沙龙举办了一场类似的展览。 但媒体普遍认为他的作品具有"舒缓镇定之效"，完全不同于毕加索的"痛苦折磨"。 这让马蒂斯感到十分失望。

马蒂斯想与毕加索竞争的想法重新点燃，这使得他开始重视作品的展出方式。 1945年12月，他为玛格美术馆举办了一场开幕展。 这一次他仔细挑选了参展的作品，避免重蹈1931年乔治·珀蒂那次画展的覆辙。 玛格美术馆的这次展出意在向人们展现马蒂斯的创作过程。 每幅作品四周都摆放了一组大小与原画类似的黑白照片，记录了作品创作时由繁变简的过程。 （毕加索参观完这次展出后不久，也创作了一组由11幅版画构成的系列，表现了如何将一头牛的形象逐渐简化的过程。）玛格的展出后来在尼斯举办了一次，当时在公众中引起了一些反响。 这让马蒂斯很高兴，他称之为"重现了毕加索巴黎作品展时的情景"。

　　不过此时最重要的事件还是马蒂斯与毕加索在伦敦维多利亚和阿尔伯特博物馆举行的联合作品展，这是自 1918 年以来，他们的作品首次联袂展出。 对于自己的作品在这次 1945 年 12 月底展出上会产生什么样的影响，马蒂斯显得有些担忧。那年 5 月，他曾写信给毕加索，问他是否可以借给他几幅画，看他打算用什么样的画框。 他知道在解放沙龙上，毕加索没有使用画框，因此他不希望自己的画框在伦敦时看起来太过精致了。 几个月后，在一次讨论画展细节的会议前夜，他在笔记本上写道："明日 4 点，与毕加索见面。 想着要与他见面，我的脑子便一刻也不能休息。 我马上要和他一起在伦敦举办这次宣传展。 我可以想象我的画在房间的一边，他的在另一边。 这就好像和一个癫痫病人同居。 用罗丹的话来说，在他那些炫目的作品旁边，我看起来多么正常啊（甚至在某些人看来有点傻）！ 我还在进步，从不害怕和那些重量级的人物放在一起，或者做一些令人尴尬的比较。 我总是告诉自己，世间自有公道。 但是如果他是对的怎么办？ 人们太疯狂了！"

　　马蒂斯的担心是有道理的。 人们关注的焦点依然落在了毕加索身上。 尽管有时会遭到猛烈的批评，但他依然被认为更能反映当年的巨大时代变革。 而相比之下，马蒂斯则显得"温和"而"充满装饰性"。 在法国，像沃尔德玛·乔治这样的保守主义者死守排外主义的观点，认为毕加索不是代表法国文化的合适人选。 这样一来，只是让马蒂斯感到更加难受。 他对布拉塞说，"让我伤心和难受的是"，毕加索"依然是那个被人们攻击最多的人，而不是我……他们对我太客气了……显然，在他面前，我总是看起来像个小女孩"。 （布拉塞后来写道，马蒂斯的评价让他想起毕加索总叫布拉克"老婆"这件事。）这次展览再一次让马蒂斯意识到毕加索的性格是超出常人的。 像许多大名人一样，他已经变成了神圣的怪物——一种可恶和优雅的诡异结合。 通过他，人们可以意识到（并且接受）自己身上陌生的一面，以此帮助他们抓住（然后驱逐）心中的恶魔。

不久，这样的情形成为了马蒂斯与毕加索之间的一种既定模式。 1949 年，马蒂斯在巴黎的国家现代艺术博物馆展出了他为旺斯教堂设计的室内装饰，之后他听说毕加索也在计划一次展出，以此作为回应。 他在给旺斯教堂项目的发起人库蒂里耶神父的信中使用了一个拳击的比喻："我们在巴黎和蓝色海岸[1]，那么在这个拳台上我们是分不开了。 他已经在拳台的各个角落宣布了他的还击，那么我就等着。 有人为我担心，虽然不是丽迪亚女士。 我会随时向您更新战况。"

早在 1920 年，克里夫·贝尔就曾说过，马蒂斯与毕加索的名字就像"雪莱和叶芝，或者福特纳姆和玛森[2]"。 战后，他们的关系越来越像福特纳姆和玛森这样的共同体。 举例来说，马蒂斯一直以来就想从事壁画创作，到 1943 年，他意识到自己是无法如愿了。 于是他对诗人路易·阿拉贡说，"我相信也许在将来，在来生……在某个天堂，我能有机会画壁画。"四年后，在一次严重失眠后，马蒂斯给毕加索写信。 信中说到在那个失眠的晚上，他突然想到毕加索应该为昂蒂布的新毕加索博物馆创作一幅"真正的壁画"。 "我们会给你找一个泥瓦匠为你准备好砂浆，"马蒂斯催促道。 "我相信你会创作出非常美妙，而且极其简练的东西。我希望你能接下这份工作，因为我已经做不到了，而且我知道你会比我做得更好。 考虑一下吧，这对每个人都很重要。 请原谅我的坚持，但这是我的责任。"

令人感动的是，两人都将对方的工作看作一种共同的兴趣。 比方说，让马蒂斯感到困扰的是，毕加索加入了共产党，而且允许任他们拿自己肆意宣传。 尤其令人不解的是，这个党派是强烈反对现代艺术的。 毕加索关于为何加入共产党的解释听起来充满了机械、官僚的语言，这与他所代表的现代艺术完全违背。 他在加入该党派后说道，"共产党是我全部生命和工作的最终合理结论"，因为他"从未将艺术简单地看作一种娱乐或者逃避的方式"。 （有些人甚至认为这段话是

---

1 蓝色海岸：地处地中海沿岸，属于法国东南沿海普罗旺斯-阿尔卑斯-蓝色海岸大区的一部分。
2 福特纳姆和玛森：英国福特纳姆-玛森百货公司的联合创始人。

刻意针对马蒂斯的画风来说的。）毕加索反问道："致力于了解和改造世界，帮助今天和将来的人们变得更加清醒、自由和幸福，为此而努力的不正是共产党吗？……我还从未像现在这样自由和真实！……我又一次找到我的兄弟！"（毕加索加入共产党，让某些苏联艺术家和知识分子颇感不悦。德米特里·肖斯塔科维奇把完全"自由"的毕加索称作"混蛋"。因为就在毕加索称颂苏联制度的同时，他的追随者却被苏联政府"迫害、追捕和严禁创作"。）

尽管毕加索的艺术被苏联斥为"堕落的形式主义"，他依然得到了共产党的支持。他被看作一位精神领袖——并最终使他成为伟大的人道主义者和艺术家。直到 1956 年苏联入侵匈牙利，他才感到不知所措。而在此之前，他确实十分投入共产党的事业。尽管很讨厌旅行，他依然被说服前往波兰华沙，出席知识分子和平大会。1950 年 10 月，他设计的著名海报形象"和平鸽"被第二届世界和平大会采用。那年 11 月，他被授予列宁和平奖。尽管如此，毕加索个人和艺术上的独立，以及他"抽象"的风格依然是共产党所痛恨的。而且在党内，他也是争议极大的人物和政治斗争的工具。在列宁奖的颁奖礼上（毕加索并未出席），出现了一种说法，试图以此调和人们对毕加索的各种看法。这种说法把《人道报》大力推崇的杰出共产主义画家安德烈·富热隆和毕加索放在了一起。他们称富热隆作为"一名共产党人在他的战场上战斗"，而毕加索作为"一名和平的拥护者在他的战场上战斗。"

斯大林死后，因为将一幅纪念这位已故领导人的作品画得过于平淡，毕加索陷入了批评的漩涡。党内的领导认为这是对斯大林的侮辱，因此还发生了一场骚动。马蒂斯的朋友安德烈·鲁韦尔对这件事的看法也许在一定程度上也反映了马蒂斯的想法。他说："斯大林-毕加索事件完全是一件愚蠢的事，简直是愚蠢的代名词。当你还什么都不了解也毫无发言权的时候，就愿意为之赴汤蹈火，那最终的结果就是这样。"

同样地，毕加索也对马蒂斯为旺斯教堂所做的设计特别不满。由于马蒂斯并没有宗教信仰，毕加索认为他不应该接下这项与宗教有关的工作，他甚至多次因此责备马蒂斯。1949 年，有一次，他对丽迪亚说，他认为马蒂斯接下这项教堂的设计工作完全就像"妓女接客"。马蒂斯在几个月后的一次广播采访中反驳道，"所有值得名留青史的艺术都是虔诚的，"并且批评了那些共产党人所推崇"纪录式的艺术"。

不过无论如何，两位艺术家都愿意在需要的时候为对方贡献一臂之力，甚至在那些有争议的方面。1950 年，一家共产党人经营的酒店请毕加索说服马蒂斯在那里展出他的作品，马蒂斯同意了，但条件是允许一同展出他为旺斯教堂所作的研究，包括教堂的模型。毕加索拜访马蒂斯的住所时，很不高兴地看到屋子里充满了与教堂相关的东西。但同时，他又为之吸引，因为艺术家——像文艺复兴时的大师们一样——可以进行一种整体创作：包括建筑、彩色玻璃、壁画，甚至还有牧师身上的十字袍。马蒂斯在创作壁画时遇到了技术困难，于是毕加索为他引荐了瓦洛里的陶艺师；他的第一批瓷砖在烧制时裂掉了，毕加索第一时间赶到尼斯去安慰他。叙事跳跃、风格原始且极不协调的耶稣受难像——马蒂斯最令人感到不安的一系列作品——明显带有毕加索的元素。在创作这些画时，马蒂斯把毕加索 1942 年的《朵拉·玛尔肖像画》（"地狱门前的但丁"）挂在旁边，似乎是为了给自己的创作增添暴力色彩。

毕加索看到装饰着白色内墙的教堂时，他应该是说过这里看起来像就卫生间。有一次，他被一位修女拦住了，她说有些话想对他说。所有来看教堂的人，她说道，都有自己的想法，但是马蒂斯说，他已经厌倦了别人的看法，并且告诉她，"只有一个人有权批评我，你明白吗！这个人就是毕加索。"

修女接着说，"当然，除了上帝以外。"

这时，毕加索睁大眼睛，对她说，如果那样的话，"为什么上帝他自己不来干？"

马蒂斯的教堂落成后的第二年，毕加索也开始创作自己的建筑壁画，主题是"战争与和平"。这一次，他装饰的是一座位于瓦洛里的西多会教堂，名为"和平之庙"。毕加索在这个项目上花费了好几个月的时间。教堂一完工，他就把为此所作的大量研究手稿匆匆出版，似乎是为了与马蒂斯的教堂争夺公众的关注。

在《爵士》（1947 年）一书中，马蒂斯将他的第一次系列剪纸作品用作插画。正是从此时起，他开始直接影射死亡题材。《爵士》的其中一张插图叫做"命运"，色彩暗淡，充满危险的味道，整幅画充斥着葬礼般的深紫色和黑色。另一幅插图"小丑的葬礼"是直接表现死亡的作品，但是它呈现的却是一种古怪滑稽，甚至相当喜悦的形象。"伊卡洛斯[1]"（图 9.7）是《爵士》中令人印象最深刻的形象之一。伊卡洛斯的梦想和艺术家非常相似，他的悲剧结局既是一个例子也是一种警示。（马蒂斯是在用伊卡洛斯影射毕加索吗？他是想说毕加索正是

图 9.7　马蒂斯，"伊卡洛斯"（来自《爵士》），
　　　　1943～1947 年。

1　伊卡洛斯：希腊神话中代达罗斯的儿子，在与代达罗斯使用蜡造的翼逃离克里特岛时，因飞得太高，双翼遭太阳溶化，跌落水中丧生。

戴着马蒂斯精心打造的翅膀飞向太阳吗？ 我们无从知晓。 不论如何，我们可以
肯定的是人物四周围绕的星星是指发射的火炮，这也是马蒂斯少有的影射战争的
作品。)

　　"伊卡洛斯"及其他剪纸作品的特别之处就在于它们的极度抽离——彻底平
面化并且完全没有现实感。 此时马蒂斯所用的"符号"通常都是剪影，这与毕加
索作品中那种平面化的物体形状完全不同。 "伊卡洛斯"中的黑色人影以深蓝色
背景为底，闪亮的星星将其围绕，展现了另一个时空中的世界。

　　"伊卡洛斯"这种超越现实的非物
质形象与毕加索 1953 年的《影子》（图
9.8）非常不同。 尽管《影子》也利用了
人物剪影这一题材，但这幅作品并未表
现出抽离现实的感觉，相反充满了个人
情绪。 1953 年 9 月，弗朗索瓦丝·吉洛
离开了毕加索。 那年 12 月，就在《影
子》画完前几天，她回来接走了他们的
孩子，这时恰逢圣诞节假期。 这幅画的
背景是真实的场景——他们的卧室——
甚至一些小细节，例如画中的玩具马车
也是真实的。 不过这幅画依然复杂难
解，因为它结合了两个光源——门口和
窗口——因此人物形象的分裂令人困
惑。 大卫·道格拉斯·邓肯向毕加索问

图 9.8　毕加索，《影子》，1953 年。
129.5 厘米×96.5 厘米

起过这幅画。 他回答道："这就是我们的卧室。 你看到我的影子了吗？ 我刚好从
窗口走过，那你现在看到我的影子和太阳投射在床和地板上的光线了吗？"

阳光从窗口射入，勾画出卧床女子的形象，并且可能投影出画家的影子。但是似乎画家是站在门口，所以如果投下的是他的影子，那么他就同时在两个地方出现了。从某种意义上来说，也确实如此：他既站在画中，也站在自己身后，看着自己的影子站在门口，注视着床上这个已经失去的女人的幽灵。和毕加索的其他作品一样，这幅画的答案就是，他"既在这里，也在别处，好像能够分身……天生的双重身份……他既能从自己所处的角度，也能同时从其他角度……在他的身上，矛盾也能统一。"由于光线造成的强烈反差，女人看起来好似鬼魂。她会比他更真实吗？在现实中她已不再存在，在心理上她还依然存在吗？对于一幅非现实主义的作品来说，能够如此生动地同时表现出真实的光线效果和诗一般的意境，这是多么奇妙的事啊。画家的影子重回这个房间（或者说是在这里出没），似乎是想重温那段永远失去的时光。

《影子》中女人的姿势和画法明显带有马蒂斯的《粉色裸体》的痕迹。围绕着女人的蓝色区域不仅让人联想到《粉色裸体》的背景，还让人想到马蒂斯式的窗户。在经历感情危机的时候，毕加索再一次借用马蒂斯的语言，似乎是在承认马蒂斯生活和艺术中的那种宁静和毅力是他永远也达不到的。

毕加索的朋友罗贝尔·德斯诺写过一首诗，名叫《我曾在梦中疯狂地想你》：

我曾在梦中疯狂地想你，

如此爱恋你的影，

如今我不再拥有你。

我成为阴影中的阴影，

比阴影还要阴沉一百倍。

我一遍又一遍化作影子，

进入你洒满阳光的生活。

《影子》是毕加索最令人感动的表现孤独的作品。 这种孤独感一直萦绕在他的心头，也因此不断从绘画和女人身上寻求逃避。 完成这幅画后不久，有一次毕加索与道格拉斯·库珀和约翰·理查德森吃饭，席间大家问他正在画什么主题。

"我自己的漫画，"他回答道，于是谈及最近的一些作品。 "我是一只猴子，一个矮人，任何你希望的东西，我就是一个戴着面具的人。 我的生活一片混乱。 你们知道吗？ 这是我生命中第一次没有了女人。 早晨起床的时候，我有时候会对自己说，'你不可能是毕加索。'"

*

1948 年后，马蒂斯彻底停止了绘画工作，完全投入到剪纸创作中。 虽然他的剪纸作品有时类似拼贴画，但其实两者相差甚大。 毕加索的拼贴画采用真实物件，有意与完成后的作品形成反差。 而马蒂斯的剪纸所采用的纸张都是由他本人或者助手亲手染色，并且题材仅限于纯艺术领域。 虽然比起早期作品，现在的剪纸创作更直接地涉及叙事和文学题材，但以马蒂斯的艺术手法而论，他是不允许将艺术元素与真实生活进行混搭的。 （马蒂斯的雕塑作品也有类似的特点。 除一件雕塑外，他的所有作品都由陶土制作，完全不同于毕加索使用生活中的真实物件的做法。）马蒂斯的某些早期剪纸作品似乎确实参考了毕加索较早前创作的类似剪纸的形象，比如 30 年代的杂技演员系列（见图 8.7）。 但是对马蒂斯来说更重要的是那种"自由"的思想。 这正是毕加索性格中的一部分，也是马蒂斯在人生的最后阶段激励自己的动力（同时也是令他感到困扰的原因），就如他们当初相遇时的感觉一样。 马蒂斯把这种自由感用在了重新设计剪纸人物的姿势上。例如《蓝色裸体（Ⅲ）》（图 9.9）就明显带有毕加索的特色，而且在同一平面呈现

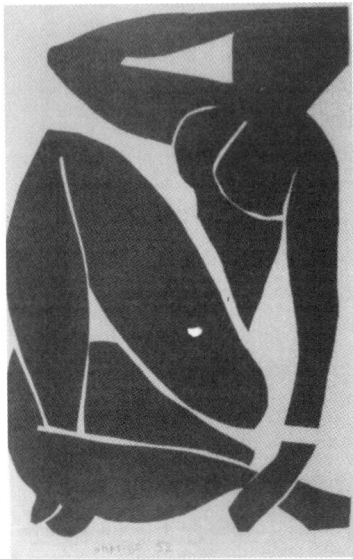

图 9.9　马蒂斯，《蓝色裸体（Ⅲ）》，1952年。112 厘米×73.5 厘米

双重扭转的想法也与马蒂斯对毕加索的研究直接相关。

尽管在身体上饱受疾病和衰老的摧残，马蒂斯依然保留了对情欲的正面刻画。直到临终时刻，他仍然坚持用创作来赞美丽迪亚给他带来的活力。这种感情的升华在他的剪纸裸体作品，例如《蓝色裸体（Ⅲ）》中体现得非常明显。在这件作品中，他把女人的活力浓缩在一种符号式的形象中，这种大胆的简化也表明他在多大程度上借鉴了毕加索。

面对身体的老去，马蒂斯越来越多地用艺术创作表现神奇的青春。对他而言，首要的原则就是避免对这种情感的直接表现，而是以超脱真实生活的方式寻找另一种渠道来表达内心的情绪。在像 1953 年的《花簇》（图 9.10）这样的作品中，他所表现的精神意象已经抽离了现实世界的存在。这件大型剪纸作品的灵感来源于亨利·伯格森[1]的《创造进化论》。马蒂斯曾在年轻时读过这本书，并且后来多次重读。对伯格森而言，花簇就像生命的力量。"因为生命就是一种趋势，"他写道，"这种趋势的本质就是像花簇一样生长，在生长中向不同的方向演化，生长的动力也随之分裂。"

在后期的剪纸作品中，马蒂斯营造出一种青春的氛围，在剪纸中建造出一个没有时间与死亡的世界。1951 年，马蒂斯 82 岁的时候，一位从法国归来的美国评

1　亨利·伯格森：法国哲学家，曾于 1927 年获诺贝尔文学奖。

图 9.10　马蒂斯，《花簇》，1953 年。 294 厘米×350 厘米

论家宣称："我从未见过马蒂斯像现在这样青春焕发。"就像当初让自己的情欲在画中得以升华一样，马蒂斯将对生命老去的感叹凝结在剪纸作品中。 他的做法让人联想到叶芝的《驶向拜占庭》：

> 一个老人只不过是一件废物，
>
> 不过是披在一根拐杖上的一件褴褛的大衣，除非
>
> 灵魂击掌歌唱，且唱得更响
>
> 为他那朽败之衣的每块碎布。

1954 年 11 月 3 日，随着马蒂斯的离世，这场持续了几乎半个世纪的对话也从此终结。 他的家人首先通知的人之一就是毕加索。 当时是一位佣人接电话，等

待了很长一段时间后，佣人回话说，毕加索正在吃午饭，不能被打扰。几小时后，马蒂斯的家人以为毕加索没有接到消息，于是再次给他打电话。毕加索依然没有接电话。当他们第三次打来电话时，却被告知，"毕加索先生没什么可说的，因为马蒂斯已经死了"。据马蒂斯的女儿所说，毕加索从未发来过电报或是送来留言。多年后，她依然对毕加索的反应感到恼火和迷惑，不知他是否真的曾说过如佣人所传达的那样的话。

我们可以猜测。也许毕加索依然无法接受马蒂斯已经去世的消息。也许因为几乎所有的艺术家都认为创作可以从某种程度上推迟死亡的来临。马蒂斯一直工作到生命的最后时刻，但他依然无法骗过死神，因此他的死讯动摇了这一艺术家们的信念。也或许仅仅是因为毕加索无法原谅马蒂斯的死，就像小孩子无法原谅死去的父母抛弃他们一样。不过我们知道的是，马蒂斯的死确实深深地影响了毕加索。他死后的两周时间里，毕加索就没拿起过画笔。几周后，当一位客人提起马蒂斯的事情时，毕加索面带哀思地望向窗外，喃喃自语道，"马蒂斯死了，马蒂斯死了"。

*

马蒂斯去世几周后，毕加索开始创作向他致敬的作品——依然惯性地带有一股竞争的味道。这次竞争的媒介是德拉克洛瓦。毕加索经常会把他和马蒂斯联系在一起，他也是毕加索最敬佩的人。1946年，毕加索获得了一次前所未有的机会，有幸在卢浮宫和前辈大师们的作品同台展出。这是他第一次把自己的作品挂在苏巴朗、委拉斯开兹、莫里略和戈雅这些西班牙黄金时代大师们的旁边。"你看，它们是一样的！"他如释重负地说，"它们是一样的！"然后，他去了19世纪的法国展馆，去看自己的作品与库尔贝和德拉克洛瓦放在一起。毕加索对德拉克洛瓦的《阿尔及尔的女人》非常欣赏。不过他在博物馆里参观的时候，对法国绘画没有做出任何评价。但是那天晚些时候，当他被问及对德拉克洛瓦的看法时，他眯起眼睛说："那个混蛋，他真的很棒。"

图 9.11　毕加索，《新版阿尔及尔的女人》，1955 年。　130 厘米×195 厘米

　　毕加索以德拉克洛瓦 1834 年的作品《阿尔及尔的女人》（现藏于卢浮宫）为基础，创作了一系列新的版本（图 9.11）。 这幅画是马蒂斯宫女系列的灵感来源之一。 毕加索借此方式表达对马蒂斯的敬意。 尽管此前也重新演绎过大师的作品，但这是毕加索第一次涉足历史题材的新版创作。 最初的雏形与德拉克洛瓦 1849 年的版本颇为相似，但不久毕加索就把自己的风格加入进来。 到 12 月底，他在画中增加了原版中没有的一个卧式人物，显然是在暗指马蒂斯的《粉色裸体》（以及《影子》中的卧式女子）。 "马蒂斯死后，他把宫女主题作为遗产留给了我，"毕加索曾对罗兰·潘罗斯说。 "这是我印象中的东方，尽管我从来没去过那里。"从某种意义上说，毕加索被引入了马蒂斯和德拉克洛瓦的"后宫"（意为"禁地"），而且甚至因为比德拉克洛瓦本人更深入地了解到这片禁地而感到欣喜。 不论如何，毕加索对这一题材进行了纵情狂欢式的渲染。 相对于德拉克洛

瓦和马蒂斯较为保守的表现方式，这无疑是一种正面的攻击。

最初的几版《阿尔及尔的女人》都是在中等大小的画布上创作的，而且呈现出明显的立体主义风格。但从第八版开始，构图变得越来越平面，也越来越像马蒂斯，画布的大小也明显增大。在每个阶段，毕加索都会在人物的面部试验不同程度的细节，有意在确定最后一版的细节前将面部留白。多年前，毕加索曾经批评马蒂斯使用这种做法，他说，面部省略的话，头部看起来"就像个鸡蛋，而不是头"。但是现在，随着马蒂斯的离去，情况发生了转变。

第十三版，也就是人们常说的 Canvas M（图 9.11），从各方面来说都是最成功的一幅，也是最像马蒂斯的一幅，尽管在色彩上略显暗淡。三个主要人物中的两个都与德拉克洛瓦版本中的完全不同，并且呈现出典型的马蒂斯式的姿势。位于画面中间的女子双臂上举，这是自《生之喜悦》以来马蒂斯惯用的标志性姿势，而且毕加索也曾多次借用。躺着的女子采用的是"欲望之梦"的姿势，这也是自20 年代以来毕加索多次使用的。在这幅画中，女子的躯干看起来似乎有两个左侧。背景中（卧式女子的上方以及中间女子的右侧）还有一个站立的人物。在之前的版本中，这个人物比较容易解读。在这一版中，她的头部与身体脱离，并被画成了剪影的形象，让人联想到画家影子般的头和肩膀。这样的方式呼应了委拉斯开兹的名画《公主的侍从》中那个站在门口的人物剪影。影子般的头部使这幅画有了另一种理解，也增添了一丝不安的情绪。这是因为他在画这幅画时正好收到久未联系的前妻奥尔佳的死讯的缘故吗？

致敬与讽刺交织在毕加索的《新版阿尔及尔的女人》里，自从马蒂斯死后，他似乎迷上了这种创作方式。在接下来的几年里，他专注于重新演绎前辈大师的作品。这些作品在他的笔下呈现出另类的风格。奇怪的是，毕加索再一次质疑自己的天赋。似乎他一直怀疑作为一名伟大的艺术家，他是否可以击败死亡。（马蒂斯从未公开质疑过这个问题，至少在他的作品中没有明显的表现。）最终，在重新演绎大师作品时，他似乎真的开始担忧天赋的枯竭，或者创造力的减弱，以及作品的生命力。

对于一名西班牙裔的画家来说，与迭戈·委拉斯开兹对比无疑是最荣耀的事情。委拉斯开兹的作品中，最为经典的当然是《公主的侍从》。它既是一件西班牙绘画的杰作，也是西班牙这个国家的重要象征。重新演绎这幅作品时，毕加索不仅反复强调了自己西班牙裔的身份，而且把委拉斯开兹置于最伟大的西班牙画家的地位。（多年来，《公主的侍从》被誉为"世界绘画的杰作"。）

1957 年，从 8 月 17 号到 12 月 30 号（毕加索生日前一天），以委拉斯开兹的这幅杰作为基础，毕加索一共创作了 58 幅重新演绎的版本。为此他特意安排了一间画室。创作的过程十分艰辛，他也不希望其他人看到未完成的作品。这一系列中的第一幅（图 9.12）是继《格尔尼卡》之后毕加索创作的最大型的作品。仅

图 9.12　毕加索，《新版公主的侍从》，1957 年。194 厘米×260 厘米

从大小上便可看出它对毕加索的特殊意义。 在这一年里，他与外界越来越疏远，与当代艺术的联系也越来越少。 对斯大林的公开谴责以及随后苏联对匈牙利的入侵使他在政治上也日渐孤立。 他见的人越来越少。 而最能激励他前进的竟然是那些一直与他对话的过世大师们。 对《公主的侍从》重新演绎使他找到了一个逃离现实的出口，也使他主宰过去，确立自己在未来的地位。

《公主的侍从》最著名之处在于它将现实的宫廷场景与对真实和虚幻的思考结合起来。 在这幅关于艺术与虚幻的大型画作中，委拉斯开兹创作的主题似乎隐藏在画布之外，因此一直以来对它没有明确的定论。 画面虽然呈现明显的现实主义风格，但画家设计了一些精巧的机关，故意破坏了作品的叙事性。

在毕加索的版本中，画家的形象最为显著：他的比例比其他人物大了很多，看起来也更加复杂。 随着视线右移，我们会发现他对画面的主宰还体现在人物的变化上，这些人物变得越来越丰满，并且呈现出类似图表的形象。 毕加索用横向的构图形式替代了委拉斯开兹纵向的方式。 当我们横向观看这幅画时，会发现风格的逐渐变化。 画面的左侧带有解析立体主义的特征，而最右边的形象则表现出极其简单，甚至孩子气的感觉。 因此这幅画似乎也暗藏了毕加索本人早期的摸索和挣扎，就像他对布拉塞所说，这是对传统鉴赏方式的背叛和对"童真"的回归（但他自己童年时的作品从未具备这种特质）。 这反映出他非常欣赏马蒂斯早期作品中孩童般的简洁。 在他看来，这是"理解马蒂斯的关键之一"。 在这一版《公主的侍从》中，所有的形象都是平面化的：社会关系、空间关系以及叙事上的模糊性都被弱化。 色调也以灰色为主，进一步削弱了画面的真实性。 很自然地，我们感觉到委拉斯开兹所营造的模糊性在这幅画里转而带有一丝讽刺的意味。

委拉斯开兹将这幅画最神秘之处置于画面之外，也就是我们的视角。 但在毕加索的画中，我们并没有因为画中人物的眼神而被直接牵涉其中。 事实上，公主及其侍从的脸被处理成类似漫画的形式，这既是对委拉斯开兹版本也是对观看者理解的滑稽模仿。 甚至注视着我们的画家也在用一种奇怪的方式表达他的讽刺。他的脸被分成了两个部分，相反的两张侧脸彼此对视，但是整张脸看起来却是在注视画面之外的我们。 画家的行为很难理解，因为他不仅拿了两张调色板，而且表现左边袖子褶皱的之字形线条看起来像是一条愤怒的闪电。 似乎为了特意强调自己的不敬，毕加索用一条德国腊肠犬替换了原版中高贵的猎犬。 与委拉斯开兹的对弈是胜出？ 平局？ 还是失败？ 毕加索一定也问过自己这个问题。 对于委拉斯开兹如此。 对于马蒂斯同样如此。

*

在人生的最后几年里，毕加索日益与世隔绝，把自己封闭在名誉的神秘光环里。 他的房子外面经常聚集大批想要一睹其真容或者企图拍下他照片的人。 对此他恐惧不已，完全把自己囚禁在屋子里，不敢外出。 他的新任妻子杰奎琳·洛克鼓励他与家人和老朋友断绝往来。 尽管如此，他还是禁不住给自己找乐子。他喜欢让大卫·道格拉斯·邓肯这样的摄影师给他拍照，似乎让他的照片遍布世界各地的杂志上就能成功阻止自己消失。

肉体和精神上他遭受了双重打击。 1964 年，他得知弗朗索瓦丝·吉洛出版了回忆录。 于是与三十年前费尔南德·奥利维尔的情形一样，他们陷入了一场痛苦的法律大战中，而且结果也与三十年前一样。 更糟糕的是，吉洛的书比费尔南德的书更加深入地揭露了他的私人生活。 此外，一直以来身体出奇健康的他最终也开始遭受疾病的侵袭。 那年 11 月，他接受了前列腺手术，因此整整一年没有画过一张画。 1966 年，毕加索迄今为止最大的回顾展在巴黎举行，帕布罗·毕加索并不在前去参观的 80 万人之列。 他的听觉下降，使他与外界更加隔绝。 有一次，他不得不告诉一个常常通话的好朋友，因为听不清她说的话，他已经不能再给她打电话了。

马蒂斯与毕加索对死亡的看法迥异。 马蒂斯在他的艺术中忽略了身体的衰败，始终向前看，以此对抗死亡的终结，就像叶芝的《驶向拜占庭》中所说，"一旦脱离自然我将不再/从任何自然之物中形成肉身。"而毕加索则日益遭受身体衰老的折磨。 他的画越来越多地表现怀旧情绪，有时甚至流露出对肉欲的厌恶；而对早年的他，这种欲望是极其重要的。 在最后两年时间里，他画了上百张表现性游戏的作品，例如 1969 年的《拥抱》（图 9.13）。 "把明确的东西丢进青蛙池真是太难了。"年过八旬的毕加索这样说，内心依然挣扎、依然愤怒。 面对老年的凄凉，他把死亡当作一个对手，必须目不转睛地盯着它、与它斗阵，直到生命的最后一刻。 迪伦·托马斯的诗描述得非常贴切：

图 9.13 毕加索，《拥抱》，1969 年。 162 厘米×130 厘米

不要温和地走进那个良夜，

白昼将尽,暮年仍应燃烧咆哮；

怒斥吧,怒斥光的消逝。

在西方绘画史上还没人像毕加索这样如此生动而固执地怒斥光电的消逝。 他的晚期作品中充斥着性欲消退、身体衰老的主题。 他甚至描绘了一些很少在绘画作品中展现的生理行为：小便；皮肤松弛、满脸皱纹的老头和巫女试图拥抱彼此抚摸的场景。 很少有艺术家能拥有这么长的寿命，亲眼目睹漫长而缓慢地走向死亡与衰败的过程。 即使有人选择记录下这一过程，也没有人像毕加索这样对其进行如此直接而强烈的刻画。 如果说马蒂斯的胜利其实是勇敢地忽略死亡的存在，从而得以超脱，那么毕加索的胜利则是直视死亡与腐朽，毫不畏惧。 尽管他不可能从那片"无人返回的未知世界"给我们带来现场报道，但至少他能为我们传来最前方的图像。

晚年的毕加索非常多产，他把关注的焦点放在肉体痛苦、无能和欲望消退上。 他现在把性看作一种残酷的游戏，完全没有了原来的乐趣和情趣。 创作的时候，他有时会想到马蒂斯，还曾经把马蒂斯的脸画进了画里，有时也会间接影射他。 比如1971年表现妓院场景的系列版画作品，在画中他调侃了马蒂斯和德加的羞涩腼腆。

从幼年起，毕加索就特别钟情死亡题材，并且在各种材料上都创作过一些极其有力的作品。 不过这其中最触动人心的还是在他去世前一年创作的《自画像》（图9.14）。 其实，这并不是一幅油画作品，而是使用孩子们常用的材料：彩色铅笔和纸张。 这幅凄凉的自画像似乎由他自己充当模特完成。 画家看着镜子里的自己，观察着左脸上"岁月留下的蜘蛛网一般的痕迹"，还有下巴上不规则的胡子茬。 所有这些都毫无美感，完全是一堆符号和矛盾的聚合，其实就是为了传达

图9.14　毕加索，《自画像》，1972年。
65.7厘米×50.5厘米

那条极其紧迫而简单的信息。 不对称的超大号眼睛、大片的涂鸦，以及极简的特征，这些孩童般笨拙的设计与雕塑一般细致入微的描绘形成强烈对比。 画家紧紧注视前方，巨大的头部映衬出窄小的肩部，凸显出枯萎的身躯。 他的头部散发出一层不对称的光晕，既像从脑部扩张开去，也像从外部侵蚀进来，似乎暗示了即将到来的大脑衰竭。 巨大的眼睛、凝聚的眼神和窄小的额头，这些元素拼在一起，让画家看起来很愚蠢——但这样的愚蠢是掩盖在惊人的智慧之下。 它是由人类最强大的情绪——原始的恐惧——引起的吗？

在这幅杰出的作品中，我们感到画家在镜子里看到自己脸上面对死亡时恐惧的样子。 尽管意识到身体中不可避免地存在另一个恐惧的自己，但他保持了自己的身份和性格，勇敢地与死亡对视。 我们在这张画上能够看到91岁高龄的他令人惊叹的不屈神情。

1973年4月8日，毕加索死于心脏衰竭。 临终时，他有时喘息间会呼唤阿波利奈尔的名字，或者呼唤他的妻子："你在哪儿，杰奎琳？"最后一句连贯的话应该是说给他的心脏病医生的。 他说："你不结婚是错误的，结婚确实管用。"

X.

后马蒂斯与毕加索时代

　　泰特现代美术馆正在重新上演一场马蒂斯与毕加索为争夺现代
艺术冠军而战的重量级赛事。

　　　　　　　　　　　　　——《泰晤士报》（伦敦）2002 年 5 月头条

　　自从 1905 年首次争取斯坦的资助开始，直到二人去世，马蒂斯与毕加索就一直处于相互竞争的状态。 在不同时期，这种对抗对彼此的影响或多或少，但从始至终他们未曾忽视过这种关系的存在。 近年来，越来越多的人把二人直接拿来比较，似乎觉得必须要分出高下。 但是他们的成就从本质上来说是完全不同的，那么分出"哪一个更伟大"又有什么意义呢？ 而且又以什么作为评判的标准呢？

　　马蒂斯与毕加索死后，相关作品展成为人们理解他们的重要途径。 以毕加索后期的作品为例，起初人们认为这批作品的质量急速下降，似乎他已经沦为衰老的牺牲品。 1973 年夏天，他的回顾展在亚维农的教皇宫举行，我还清楚地记得当时人们脸上露出的困惑不安的神情。 暴躁、对生命的强烈渴望、混乱的主题，所有这些让参观者不知所措。 这些画看起来似乎是草草完成，大多数采用单调的灰色和棕色，但有时又会突然蹦出艳丽的颜色。 题材的组合也相当怪异：17 世纪的骑士身边搭配交合中的情侣、骑马的斗牛士、画家与模特、憔悴的老人、令人倒胃口的裸体、《圣经》人物，还有性感的裸体。 有些参观者摇着头说，毕加索在绝望地搜肠刮肚，把旧作的残羹冷炙又拿出来回炉。 很多人在问，那些应该随着年纪而增长的智慧到哪里去了？ 但是别忘了，早在他们中的大多数人出生之前，毕加索已经让世人为之惊讶。 而且他们还忘了，一个人从衰老中领悟的东西不一定是年轻人想要了解的。 画中传达的信息让人们困惑，因此在接下来的几年里，这些画被人们遗忘了。 直到十年之后，古根海姆博物馆举办了一次作品展，这时人们才开始真正关注这批晚期作品。 格特·希弗在这次展出的目录中写道："事实是，终其一生毕加索的思想都比他的观众超前了一个'时期'。"

马蒂斯的晚期作品散发出一种更加宁静安详的智慧和更伟大的精神力量。 因此他死后，这些作品更容易被大众接受。 人们越来越意识到这批作品探索了人类的深层次感受，并且在感官呈现和纯精神感受上达到了一种美妙的平衡。 此外，后期剪纸作品表现的虚构空间和抽象的装饰题材对年轻艺术家的影响力巨大，尤其是美国的后辈们。 1961 年的现代艺术博物馆举办了名为"亨利·马蒂斯的最后作品：大型水粉剪纸"的展出，在艺术家和评论家当中引起了巨大的反响。 参观者无不惊叹于剪纸的规模以及画家如何在形式与抽象之间取得绝妙的平衡。

马蒂斯与毕加索去世后的几十年间，全世界范围内产生了一股大型艺术展热潮，这二位艺术家也是此类展览的常客。 每年至少会有一场大型马蒂斯或者毕加索作品展。 展览使得他们的作品在公众当中的影响力日益增长。 很多人排上几小时的队，只为一睹其作品的芳容，这也使得博物馆举办此类展览的热情更高了。 这些展出搜集了大量毕加索和马蒂斯的作品，激发了对他们的研究，也使得我们对他们有了更加深入的了解，不仅仅将其看作艺术家，也将其视为普通人。

艺术展历史上的里程碑之一就是 1980 年在现代艺术博物馆举行的大型毕加索回顾展。 这次展览由威廉·鲁宾组织，意在纪念这位艺术家诞辰 100 周年。 整个博物馆首次全部清空，并完全用来展出一位艺术家的作品。 没人质疑这一举动的合理性，因为此时所有人都认可毕加索是 20 世纪最伟大的艺术家。 此外，由于他也是 20 世纪（也许是有史以来）最多产的艺术家，展出的作品似乎无穷尽，作品的魅力也无穷尽。 从此次展出来看，毕加索似乎曾经经历了 20 种不同的生活，而所有生活的内容都被记录在他的艺术中。 不同于其他艺术展的是，在这里我感受到一种经历感。 这是一个人生活的记录，也是一个人不同存在阶段的记录：从年少时的忧伤，到二三十岁时对抽象艺术的热情，再到对爱情、战争与衰老的不断尝试和体验。 这些作品中记录了他惊人的能量，详细描绘了复杂的友情、爱情、政治活动，以及人类在历史上最血腥的世纪中经历的灾难。 从某种程度上说，毕加索抓住了这个世纪的脉搏，甚至几乎可以说他用残酷的内心定义了这个世纪的脉搏。 看着难以数计的风格、令人着迷的创造性，以及数量庞大的作品，参观者禁不住感叹毕加索的艺术从某种意义上来说象征了这个世纪的暴力与躁动——是这个不安年代的一面镜子。

不过，此次展览出现了一个有趣的现象，毕加索对年轻一代艺术家的影响已经减弱。 60 年代时，毕加索还被认为是 20 世纪最具影响力的艺术家。 但是到了 70 年代中期，尽管他的作品极具复杂性和力量，但对后辈来说，他的领域却几乎成为了一条死路，没有给后继发展提供多少空间。 现代艺术博物馆的这次展出让人们意识到，他对 20 世纪艺术最伟大的贡献就是为人们创造了一种新的可能性，让大家看到任何事物都可以被无限重建和重构——可以用成百上千种令人意想不到的方式拆分和组合。 他让我们看到这个世界在画中看起来多么奇怪，画家可以用多么极端的方式重构事物。 可是，他为此所创造的艺术语言过于个人化了，以至于除了他，没有人会使用。 简化的人物、同时展现两个侧脸的头部、亦或是长在脸部同一侧的眼睛，所有这些也许很容易被平庸的画家模仿，但他们无法更进一步。 毕加索的空间构图方式对于年轻艺术家来说也帮助不大。 在一点上，马蒂斯所创造的开放性空间则更具启发性。

1970 年，皮埃尔·施耐德在巴黎大皇宫举办了一场马蒂斯大型回顾展，这次展出大大提升了公众对马蒂斯的欣赏兴趣。 当时，马蒂斯的作品依然被人们看作"赏心悦目，但毫无深度"。 但此次展出后，马蒂斯的声望与影响力逐渐加强。1992 年，约翰·埃尔德菲尔德为其举办的回顾展使他的声望又一次得到大幅提升。 这次展出也是现代艺术博物馆第二次撤去全部长期展品，为某一位艺术家单独举办展出。 当时，很多人惊叹马蒂斯受到了如此高规格的待遇，因为展览举办的时间既不是为了纪念他的诞辰也不是纪念他的逝世。 （但颇为讽刺的是，100 年前，马蒂斯正好在美术学院入学考试中落榜。）

到 1992 年，马蒂斯终于开始摆脱那些认为他无足轻重的陈词滥调。 由于人们通常用耳朵而不是眼睛来评判艺术作品，"舒服的扶手椅"这种说法在一定程度上促成了人们对马蒂斯作品的看法，尽管事实并非如此。 不过这种评判的传播在一定程度上还要归咎于马蒂斯本人。 我们之所以会把他充满生命力的作品看作是软弱的，是因为这个世界需要比较——而比较的对象就是毕加索，他所代表的偏偏是直挺挺的木头椅，硬得就像拷问者的刑具。 这种陈词滥调的评判还被上升到国家民族的高度：小资情调的法国人，强硬的西班牙人。 在他们一生中的大部分时间，这种比较就像悬浮在空中的光环，甚至到今天依然停留不散。

然而到 1992 年时，马蒂斯已经凭借其杰出的创造成为艺术家中的艺术家。 他的作品，尤其是他所创造的抽象空间，对于后来的艺术家来说极具启发性和开放性，人们以许多不同的方式从中获取灵感。 尽管马蒂斯看起来并不像毕加索那样富有创造性，但他特殊的创造力却似乎开始显现出更强的实用性，甚至更具普遍性。 这一点颇为奇怪，因为马蒂斯的作品总体来说并没有什么经历感。 或者更准确地说，他的作品生动地展现了一个画家的生活，但一点也不像毕加索那样展现了一个人的生活。 比如，马蒂斯几乎不涉及 20 世纪的任何政治或经济历史及其恐怖情绪。 他从未表现过画家应该报复世界的想法。 在马蒂斯的艺术中，找不到与毕加索的《格尔尼卡》对应的作品，更不用说那些笼罩着死亡气氛的静物画。 但无论如何，马蒂斯确实深刻地表现出这个时代里人们精神世界的不确定性，并且用观察、分析和绘画中的诗意为此做出了个人的回应。

*

从某种意义上来说，与其说毕加索是属于未来的画家，不如说他是属于未来的人——而马蒂斯，这个从很多方面来看是生活在过去的人，却是属于未来的画家。 总是穿着整洁、西装革履的马蒂斯看起来谨慎小心、不喜社交，有些活在自己的世界里，生活方式也颇为过时。 至少表面上，他体现了中产阶级谨言慎行的风格。 他的生活态度属于弗洛伊德之前的时代，他所代表的行为方式更多地存在于我们的记忆中而不是现实里。 这也部分解释了为什么马蒂斯如此痛恨超现实主义：超现实主义者想要公之于众的正好都是他认为应该保护的隐私。 而超现实主义者的英雄毕加索恰恰可以看作是未来行为方式的原型。 他常常以无拘无束、莽撞率性为荣，弗兰西斯·培根所说的"现实的残酷"则是他特别引以为豪的特质。 他的穿着打扮十分随意。 早年他喜欢工人常穿的蓝色；后来人们经常看到他裸露上身或者身着马球衫。 照片中的他常常是赤脚或者脚蹬一双凉拖，正好和他早期的赞助人里奥和格特鲁德·斯坦一样。 这两个粗鲁的美国人曾经穿着凉拖大摇大摆地走过巴黎街头，让许多法国人惊讶不已。

毕加索也是第一位名人艺术家——他的重要性不仅仅是作为一名艺术家，还在于他同时也是一位公众人物。 此时，国际性名人的概念才刚刚在世界范围内出现。 对于与他同时代的人以及竞争对手而言，这种名望让他们既感到憎恨又觉得有趣。 例如，据说有一次，马蒂斯到圆顶咖啡馆吃饭。 他刚一进门，就在整个餐馆引发了一阵骚动，侍者马上向他跑过来。 这时马蒂斯转头对他的同伴小声说："他们以为我是毕加索！"语气里不仅带着讽刺，还有那么一丝恼火。

毕加索不仅为艺术家们建立了一种名望的标准，而且在安迪·沃霍尔之前，现代艺术家们其实并不怎么欢迎这种做法。 晚年的毕加索做起这样的事情更加毫无顾忌。 他在大卫·道格拉斯·邓肯这样的杂志摄影师面前扮演小丑，并且很乐于看到自己的照片在全世界的出版物上出现。 只有某些政客或者最著名的电影明星才能和他的知名度媲美。 他的生活前所未有地暴露在公众的眼皮之下，与马蒂斯的谨慎与庄重形成直接对比。 难怪毕加索死后，汽车、电话和餐馆纷纷以他的名字命名，而且拥有一幅"毕加索"也成为了新富裕阶层永不过时的标签。

1999 年，位于得克萨斯州沃思堡市的金贝尔博物馆出人意料地成为首次马蒂斯与毕加索联合作品展的举办地。 这是他们的作品第一次被并排陈列在一起。 （1918 年和 1945 年的展出中，他们被安排在不同的展馆中。）尽管金贝尔以收藏古代及古代艺术大师的作品著称，它也将其漂亮的石壁展馆腾空，为两位大师的作品让出空间。 这次主要展出的是从 30 年代开始的作品，在此期间两位画家的作品交换尤其频繁。 展馆的负责人伊夫-阿兰·博伊斯将二人间的对话比作一盘长期的对弈：每个人都在预测对方下一步的动作，同时又要考虑全盘的策略，还要牢记之前下过的招数。

这次展出让人大开眼界。 同时欣赏两位画家的作品很自然地让参观者从他们的生活以及在艺术上的探索的角度来思考他们的作品。 在如此近距离的观赏之下，我们可以清楚地看到毕加索的画有明确的焦点，而相比之下马蒂斯的画看起来随意而分散。 里奥·斯坦伯格针对毕加索的空间构造的评论可说是最具代表性的。 他写道，毕加索作品中"由互补角度构成的深度空间"随时可以"坍塌"或者随时可以"瞬间倒置"，就像猫窝："框架上的点正在消失，但'消失'是从远处和近处同时开始；由视觉光线和想象的波形组成的空间投射向一个焦点，在那里视觉图像总能再次重组。"

猫窝的比喻相当聪明和准确，它也是马蒂斯与毕加索最大的分歧之一。 毕加索擅长玩复杂的视觉游戏，从不同的关注点中找出多种焦点和多重意识。 马蒂斯的空间则是以一种更加开放的方式来展现的。 他画中的空间是一片没有路、没有固定路线的地带，通常没有真正的焦点。 在他的画里，我们总是在陆地上奔驰，根本不需要地图；这种复杂的空间构成方式使得我们观看的焦点往往是分散的，且被一片无形的空间吸引。 在这片空间里，实物与非实物平等共存。

毕加索往往会填满画面的中心，而马蒂斯即便标识出画面的中心，也会以此发散开去或者将其与画面的边缘联系起来。 毕加索倾向于把主题固定在画面的中心，而不是画的四边，因此他的画具有建筑上的稳定感和直接性，似乎画本身就像模特那样摆姿势。 马蒂斯的画则相反，初看起来似乎不正式，甚至随意；在长期研究之后，我们才开始感受到其中特殊的复杂性。 毕加索的画主要是为了说明一件事，方式往往是用来丰富其复杂性，但焦点更加明确，甚至有些约束性太强。 马蒂斯的画则更难下定义。 它们似乎有意如此。 他的绘画和剪纸作品中展现的超脱空间极具启发性和开放性，为人们创造了无数的可能。

*

马蒂斯与毕加索从许多方面为我们重新定义了这个世界。 两位都是表现多重现实艺术的先驱。 在他们出现之后，事物看起来都与之前不同了，而且任何事都可以用不同的方式来表现。 但是一战前和二战后，就在他们非常接近彻底的抽象领域时，二人又退了回来。 1912 年前后，康定斯基和蒙得里安开始发展抽象风格，他们最初就是以马蒂斯和毕加索的绘画观念作为基础，但马蒂斯和毕加索都没有继续他们的风格。 他们谁都不愿意完全脱离现实世界，并且后来都表示了对纯抽象绘画的反对。

不论他们的作品看起来有多抽象，二人还是把真实世界作为基础，而且强调绘画形式的多样性，反对像蒙得里安那样只用一种风格，用固定形式表现一种形象。 他们依然保持与真实世界的联系，并且希望以此反映各种人生体验。 在很多方面，两位画家都坚持了 19 世纪的绘画传统。 如果说他们是新事物的起点，那么我们现在看来，他们也处在旧传统的终点，从文艺复兴鼎盛时期开创的绘画传统在他们这里终结。

两位艺术家都认真研究过德拉克洛瓦和库尔贝。他们的交集特别有意义，因为从这一时刻起，在现代绘画史上，意义的影响力从公众转向个人——从德拉克洛瓦代表的传统绘画语言以及常规的文学和圣经题材，到库尔贝代表的直接且非传统的构图方式，以及古怪的私人题材。毕加索，如我们所见，也未曾彻底找到这个问题的答案。尽管他承认库尔贝的做法更适合现代生活的经验，但德拉克洛瓦代表了更宏大的艺术理想。（马蒂斯也有类似的看法，并且清楚地意识到"宏大的风格"与现实主义绘画中的半色调之间的区别，这种绘画"更接近真实，但没那么宏大"。）终其一生，毕加索一直在两种极端中转换，最明显的表现是私人与公众题材间的冲突，以及直接与隐晦风格的对比：一边创作着肖像画和静物画，一边创作着像《格尔尼卡》这样的大型公众宣言。

*

马蒂斯与毕加索的存在肯定了绘画的伟大，并且从一定程度上预示了 20 世纪阻止绘画发展的危机。当他们在 1905 年踏上绘画舞台时，对很多艺术家来说，塞尚和后印象主义画家挡住了他们的去路；似乎能做的都已经被前人做过了。马蒂斯与毕加索重启了与过去的对话，并且改变了艺术历史发展的方向。马蒂斯成为了画家中的画家，他最擅长探索只有某些诗一般的绘画才能捕捉的人类体验。毕加索的观点在绘画上没有那么深奥，但在许多方面意义更加深远。他已经成为各种超越传统艺术形式的典范。杜象[1]的现成品、各种形式的混合素材，甚至某些表演艺术，都能最终找到毕加索的身影。

马蒂斯与毕加索的历史地位，像他们的作品一样，是极为复杂且有待进一步

1　杜象：20 世纪艺术开拓者之一。通过灵活运用新的心理、生理表现素材，改变艺术形式。

理解的。 尽管人们不断在问，到底谁更加伟大，答案依然留待大家讨论。 他们是两种完全不同的人，他们的艺术也以完全不同的方式影响着我们。 迄今为止，他们的成绩超过了大多数的同代人。 我们不禁想到另一个问题：如果我们要找出仅次于他们的第三位伟大的 20 世纪艺术家，那会是谁呢？